Couverture inférieure manquante

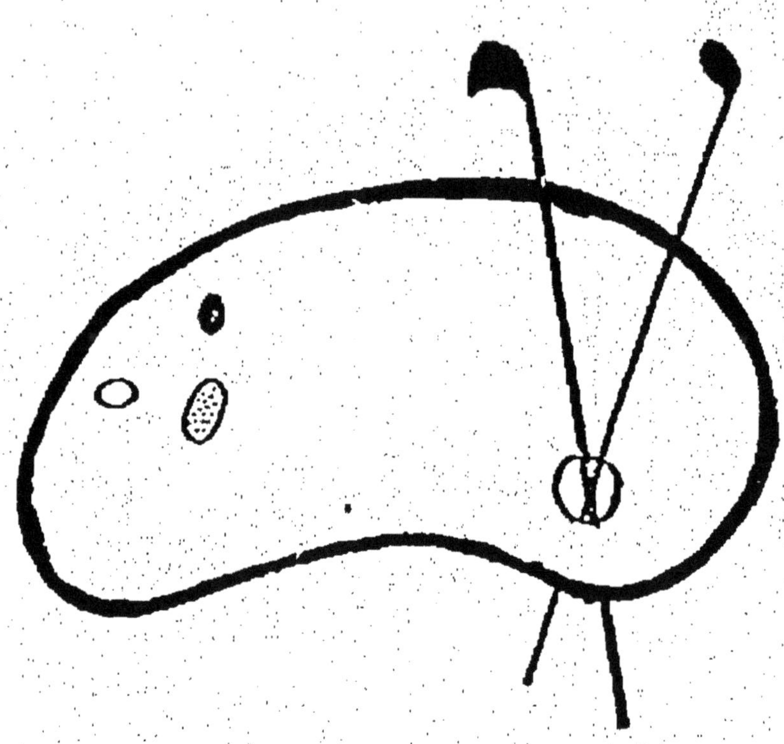

DEBUT D'UNE SERIE DE DOCUMENTS
EN COULEUR

ÉDOUARD CAMPAGNOLE

Docteur en droit
Sous-chef de bureau au Ministère de l'Intérieur
Secrétaire du conseil supérieur de l'Assistance publique

L'ASSISTANCE

AUX VIEILLARDS

AUX INFIRMES ET AUX INCURABLES

BERGER-LEVRAULT ET Cᵉ, ÉDITEURS

PARIS	NANCY
5, RUE DES BEAUX-ARTS	18, RUE DES GLACIS

1905

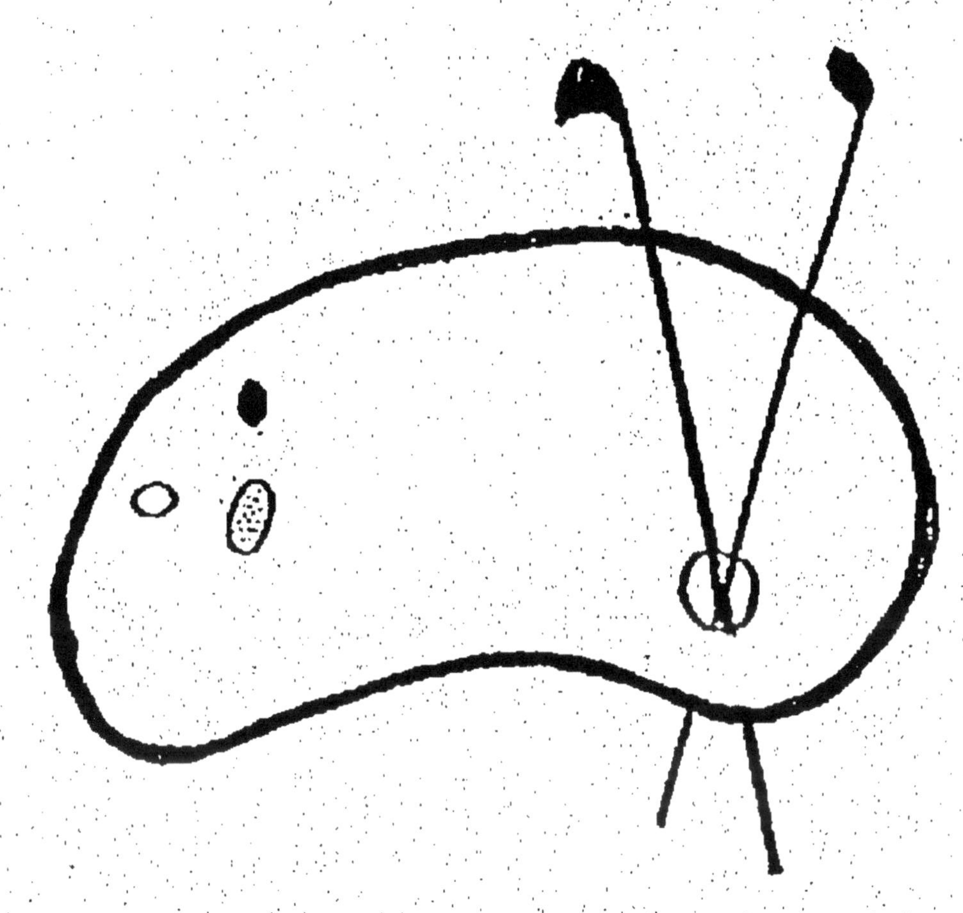

FIN D'UNE SERIE DE DOCUMENTS
EN COULEUR

ÉDOUARD CAMPAGNOLE

Docteur en droit
Sous-chef de bureau au Ministère de l'intérieur
Secrétaire du conseil supérieur de l'Assistance publique

L'ASSISTANCE

AUX VIEILLARDS

AUX INFIRMES ET AUX INCURABLES

BERGER-LEVRAULT ET Cⁱᵉ, ÉDITEURS

PARIS | NANCY
5, RUE DES BEAUX-ARTS | 18, RUE DES GLACIS

1905

EXTRAIT DE LA « REVUE GÉNÉRALE D'ADMINISTRATION »

PRÉFACE

Les pages qui suivent reproduisent quatre articles publiés dans la *Revue générale d'administration*, livraisons de juillet et de décembre 1903, d'octobre et de novembre 1904.

Le rapport présenté le 16 décembre 1904 par M. Milliès-Lacroix, à l'appui de l'avis émis par la commission sénatoriale des finances, est œuvre de telle importance que le lecteur s'étonnerait à bon droit, sans le rapprochement des dates, de n'en pas retrouver l'analyse complète en cette étude.

Toutefois, il a été tenu compte du rapport de M. Milliès-Lacroix autant que l'ont permis les nécessités de la mise en pages ; et, d'autre part, les passages essentiels sont donnés en annexe.

L'exposé de la question est ainsi conduit jusqu'à la veille du jour où le Sénat sera appelé à examiner à son tour la proposition de loi d'assistance obligatoire aux vieillards, aux infirmes et aux incurables. Ce jour est d'ailleurs prochain : les déclarations des groupes parlementaires (au cours de la récente crise ministérielle), du président du Sénat (12 janvier 1905), du cabinet Rouvier (27 janvier 1905), donnent lieu de penser que la législature actuelle ne prendra pas fin sans que soit voté ce complément nécessaire de nos lois d'assistance, réforme d'une haute portée, dont la réalisation est depuis longtemps promise à la démocratie.

4 février 1905.

F. C.

L'ASSISTANCE

AUX VIEILLARDS

AUX INFIRMES ET AUX INCURABLES

Après une longue et laborieuse discussion qui a occupé neuf séances (27, 29 et 30 mai, 4, 8, 9, 11, 12 et 15 juin 1903) et compris l'examen de 41 articles et de 84 amendements, la Chambre des députés qui, dès le 27 mai, avait voté la déclaration d'urgence, a adopté le 15 juin, à la presque unanimité (552 voix contre 3), une proposition de loi, rapportée par M. Bienvenu-Martin[1] au nom de la commission d'assurance et de prévoyance sociales, sur l'assistance aux vieillards, aux infirmes et aux incurables. La commission avait élaboré une proposition qui différait déjà sensiblement des textes émanant de l'initiative parlementaire et renvoyés à son examen[2]; de plus, sa rédaction primitive a subi, durant la discussion, de nombreuses modifications, adoptées pour la plupart d'ailleurs par la commission elle-même (parfois en cours de séance), avant de l'être par la Chambre; et le titre enfin a été aussi modifié pour qu'il présentât plus de précision, pour qu'il offrît plus d'harmonie avec les changements apportés aux articles. Au terme de ses travaux, le 15 juin, la Chambre des députés, sur la demande de M. Mirman, décidait que la proposition prendrait ce titre : *Loi portant création d'un service public de solidarité sociale, sous forme*

---

1. *Impr. de la Chambre*, VIIIe législature, n° 889.

2. Proposition de loi de MM. Émile Rey et Lachièze, *Impr. de la Chambre*, VIIIe législature, n° 56. — Proposition de loi de M. Bienvenu-Martin et plusieurs de ses collègues. *Id., ibid.*, n° 118. — Rapport de M. Bienvenu-Martin sur les deux propositions. *Id., ibid.*, n° 889.

d'assistance obligatoire aux vieillards, aux infirmes et aux incurables.

En réalité, le titre nouveau n'est pas seulement une dénomination nouvelle. Il implique un changement profond dans la conception ancienne de l'assistance ; il marque le terme d'une évolution qu'ont parcourue, en ces dernières années, les idées autrefois reçues en cette matière. Le vote de la Chambre indique une orientation intéressante à noter, à plus d'un titre, déjà accusée par la loi du 15 juillet 1893 sur l'assistance médicale gratuite et accentuée encore par la proposition de loi sur l'assistance aux vieillards, aux infirmes et aux incurables. Au reste, pour retracer les phases diverses de ce mouvement, qui part des secours facultatifs pour aboutir à un service public de solidarité sociale, il suffit d'analyser les divers projets ayant pour objet l'assistance aux vieillards, aux infirmes et aux incurables et de montrer les transformations successives de l'assistance ainsi proposée. On pourra par là mieux apprécier le sens de l'œuvre de la Chambre et la portée de la réforme consacrée par le scrutin du 15 juin 1903.

I

Dès 1888, le gouvernement s'efforçait d'obtenir des conseils généraux l'institution d'un service de secours à domicile pour les vieillards [1]. La circulaire du 1ᵉʳ août contenait les observations suivantes :

« La moyenne des secours accordés par les bureaux de bienfai-

---

[1]. Avant 1888, et en dehors de l'œuvre de la bienfaisance privée, les vieillards, les infirmes et les incurables n'étaient pas, en France, privés de tous secours publics. D'une part, ils étaient compris dans la catégorie générale des pauvres assistés à domicile par les bureaux de bienfaisance ; d'autre part, ils pouvaient trouver asile dans les hospices ; et, de plus, les lois du 7 août 1851 (art. 17) et du 21 mai 1873 (art. 7) ont autorisé les commissions hospitalières à employer une partie de leurs revenus en secours annuels à domicile en faveur des vieillards et des infirmes.

Mais combien insuffisants et combien précaires étaient ces secours publics !

Les bureaux de bienfaisance, institués avec mission de procéder à la distribution des secours à domicile, ne sont nullement tenus, en dehors de ce qui est spécifié dans les fondations particulières, de réserver au soulagement de tel ou de tel genre de misère une fraction des ressources mises à leur disposition.

Le règlement modèle, auquel se réfèrent habituellement les préfets pour approuver les règlements faits par les commissions administratives de ces établissements,

sance n'étant que de 19 fr. 50 c. par an et par indigent, leur action est insuffisante pour venir en aide aux pauvres que la vieillesse ou les infirmités mettent dans l'impossibilité de subvenir à leurs besoins.

« Il semble que jusqu'ici on n'ait cherché d'autres remèdes à cette situation que l'augmentation du nombre des lits d'hospice. A la vérité, on ne peut contester l'utilité des hospices. Dans les grands centres de population surtout, ils seront toujours une nécessité d'ordre public et d'humanité. Mais on ne saurait méconnaître que le plus souvent l'admission des vieillards dans un établissement hospitalier relâche, s'il ne les détruit pas, les liens de la famille. Il déshabitue les enfants du devoir de nourrir ou de soigner leurs parents vieux ou infirmes; les parents eux-mêmes, dans la pensée d'enlever une charge à leurs enfants, finissent par considérer l'hospice comme un asile où il est naturel d'aller terminer ses jours; souvent même avant l'âge, l'individu encore apte au travail simule ou exagère des infirmités pour obtenir son admission.

« C'est là un fait d'autant plus regrettable qu'il coïncide avec la tendance qu'ont certaines administrations hospitalières ou municipales à augmenter le nombre des lits de vieillards ou d'infirmes au préjudice des lits de malades ou des secours à domicile.

« Au lieu de chercher à accroître le nombre d'individus admis dans les hospices, il conviendrait de favoriser le développement

---

indique bien de classer à part sur le registre matricule des assistés ceux qui ont besoin d'être secourus annuellement, par exemple les vieillards ou infirmes incapables de travail; mais ce n'est là qu'une disposition d'ordre n'entraînant pas l'admission à l'assistance d'une catégorie déterminée d'indigents, si limitée qu'on la suppose; c'est donc de leur plein gré que les commissions administratives des bureaux de bienfaisance les mieux organisés ont décidé d'une manière générale d'allouer des secours à tous les indigents réunissant diverses conditions d'invalidité et de résidence dans la commune, conditions qui d'ailleurs diffèrent suivant les communes, et qui dans aucune ne sont stables, attendu que la proportionnalité des ressources avec les besoins n'est nulle part garantie.

Les établissements hospitaliers ne sont point obligés à l'égard des vieillards et des incurables comme ils l'étaient avant la loi de 1893 à l'égard de certains malades curables par l'article 1er de la loi du 7 août 1851. Cette loi a nettement affirmé le caractère facultatif de l'assistance hospitalière pour tout ce qui excède l'obligation de recueillir temporairement l'individu privé de ressources *tombé malade* dans la commune où existe un hôpital; son article 2 laisse les commissions hospitalières maîtresses de déterminer « les conditions de domicile et d'âge nécessaires pour être admis dans chaque hospice destiné aux vieillards et aux infirmes », et son article 3 ne les astreint à recevoir les incurables envoyés par les communes voisines que contre un prix de journée accepté par elles.

d'une organisation de secours à domicile qui, en laissant le pauvre dans sa famille, resserrerait les liens naturels et permettrait de venir en aide à un plus grand nombre d'indigents. L'hospitalisation est, en effet, de tous les modes d'assistance, le plus onéreux [1]. »

En 1888, les départements dont le budget ne laissait apercevoir aucun sacrifice en faveur des vieillards étaient au nombre de 41. La circulaire du 1er août avait essayé de secouer cette inertie, de rappeler ces départements à l'accomplissement de leur devoir moral. Trente départements répondirent par un refus formel [2].

Les résultats obtenus furent communiqués le 26 janvier 1889 au conseil supérieur de l'assistance publique, saisi en même temps d'une demande d'avis sur les dispositions que devrait comprendre une loi générale d'assistance en faveur des vieillards et des incurables.

Les travaux du conseil supérieur furent considérables; ils ont été imprimés dans la série des publications de cette assemblée (*fascicules* n°s 32 et 37). Le dossier avait été d'abord distribué à la troisième section qui, après un échange d'observations, désigna comme rapporteur M. H. Sabran, président du conseil général d'administration des hospices de Lyon. Après un premier travail préparatoire terminé dans la séance du 27 février 1890, l'importance et les difficultés du problème à résoudre firent juger utile de réunir les deuxième et troisième sections pour en poursuivre l'étude, et c'est seulement dans sa session de janvier 1892 que le conseil supérieur fut à même d'arrêter, en assemblée générale, le texte de son projet.

Le projet est dû surtout à M. H. Sabran, à qui revient ainsi le mérite d'avoir le premier groupé, sous la forme d'un texte de proposition de loi, les idées essentielles d'une organisation méthodique et complète de l'assistance aux vieillards et aux incurables.

L'œuvre élaborée par le conseil supérieur se résume dans les déclarations suivantes exposées par le rapporteur à la première séance du 27 janvier 1892 :

« Sur presque tous les points de la France, nous avons le dou-

---

1. *Bulletin officiel du ministère de l'intérieur*, 1888, p. 189.
2. Discours de M. Henri Monod, directeur de l'assistance et de l'hygiène publiques, représentant le gouvernement, à la pose de la première pierre de l'asile de Reignier, Haute-Savoie (9 octobre 1892).

loureux spectacle de vieillards qui ne sont pas recueillis et d'incurables qui souffrent et sont exposés à mourir sans recevoir la moindre assistance. C'est un état qu'il est malheureusement trop facile de constater; mais, quand on arrive à la recherche des moyens susceptibles de remédier à une pareille situation, le problème devient des plus difficiles.

« Nous nous sommes d'abord demandé quel caractère général devait avoir cette assistance et nos deux sections réunies ont reconnu qu'elle devait être *obligatoire*.

« Nous avons reconnu en second lieu que cette assistance devait être avant tout *communale* : car c'est le plus souvent au sujet des vieillards et des incurables que les abus tendent à se commettre, parce que les charges sont alors bien plus lourdes. Le vieillard, l'incurable, devront être assistés jusqu'à la fin de leurs jours et, si ceux qui prononcent leur admissibilité aux secours n'étaient pas eux-mêmes responsables de ces secours, vous verriez bientôt les hospices s'encombrer de gens dont la misère ne serait pas absolument démontrée, parce que les liens sociaux tendent à se désagréger de plus en plus dans un grand nombre de familles, qui cherchent à se débarrasser de leurs parents âgés ou infirmes.

« C'est donc à la commune seule que doit incomber la charge de choisir ses assistés et de les secourir.

« La commune saura mieux que personne si les vieillards peuvent recevoir la subsistance dans leur famille, ou s'ils ont besoin d'une aide. Il est bien entendu, comme cela a été dit à propos de l'assistance médicale gratuite, que, si la commune est trop pauvre, c'est le département qui devra donner les secours, et, à défaut de ce dernier, l'État[1]. »

Cependant, un congrès d'assistance s'était tenu à Paris à l'occasion de l'exposition de 1889 et les représentants de vingt-cinq nations, réunis à ce congrès, avaient voté la résolution suivante :

L'assistance publique doit être rendue obligatoire par la loi en faveur des indigents qui se trouvent temporairement ou définitivement dans l'impossibilité physique de pourvoir aux nécessités de l'existence.

M. Henri Monod, directeur de l'assistance et de l'hygiène publi-

---

1. *Actes du conseil supérieur de l'assistance publique*, fasc. n° 37, p. 10.

ques, qui avait proposé le texte de cette résolution et l'avait fait adopter par le congrès, en a précisé la portée dans les termes suivants[1] :

« Cette formule ne comprend pas les indigents valides. Est-ce à dire que ceux-ci ne recevront jamais de secours sur les fonds publics ? Telle n'est pas notre pensée. Il serait inhumain d'enlever aux bureaux d'assistance la faculté d'accorder, exceptionnellement, ces secours. Mais l'assistance aux valides ne nous semble pas pouvoir faire l'objet d'une obligation légale. De telles obligations doivent être strictement définies, et celle-ci ne saurait l'être. L'enfance, la vieillesse, l'infirmité, la maladie, qui justifient à nos yeux l'obligation de l'assistance aux indigents, sont des faits que la loi peut prévoir ; mais, pour les valides, comment distinguerait-elle les cas où le dénûment a des causes fatales de ceux où il est le fruit de l'oisiveté ou du vice ? D'ailleurs, toute indication en ce sens constituerait un péril. Plus on est pénétré du devoir d'organiser l'assistance publique, plus il importe d'être pénétré en même temps de la crainte d'affaiblir, si peu que ce soit, ce stimulant au travail qui est la nécessité de vivre. Après avoir parlé du *labor improbus* qui emporte tous les obstacles, le poète ajoute, et l'expérience avec lui : « *Et duris urgens in rebus egestas.* » Notre formule exige, pour que l'assistance soit obligatoire, que la misère ait une cause *physique*.

« L'assistance est due, dit cette formule, à ceux qui sont dans l'impossibilité physique de pourvoir aux nécessités de l'existence. Elle ne dit pas : à leurs besoins. Ce n'est pas aux besoins individuels que peut se régler la distribution des secours publics. La société a l'obligation d'assister ceux auxquels manque le strict nécessaire, seulement ceux-là, et seulement dans la mesure où ce nécessaire leur manque.

« Enfin, elle n'est dans l'obligation de les assister qu'à défaut d'autre assistance. Que ceux qui fournissent à l'indigent les moyens de vivre les lui doivent légalement ou les lui accordent libéralement, il n'importe : c'est une question de fait, ce n'est pas une question de droit qui détermine, dans une circonstance particulière, l'intervention de la collectivité. Il est essentiel de bien assurer ce point... »

Les vieillards et ceux auxquels une infirmité incurable fait une

---

1. *Recueil des travaux du congrès*, t. 1, p. 285.

vieillesse prématurée rentraient évidemment dans les catégories de malheureux visées par la formule du congrès de 1889. Mais, poursuivant une organisation méthodique de l'assistance publique et voulant, pour faire œuvre utile et durable, échelonner les solutions de la question, le gouvernement ne put donner une suite immédiate aux votes du conseil supérieur pour l'assistance aux vieillards et aux incurables et il limita provisoirement l'application de la formule du congrès de 1889 à l'assistance des malades : ses efforts aboutirent, et un projet de loi, préparé par ses soins, devint la loi du 15 juillet 1893 sur l'assistance médicale gratuite.

Cette loi consacre le principe de l'assistance obligatoire. D'après les travaux préparatoires [1], le devoir d'assistance médicale qui incombe, selon les cas, à la commune, au département ou à l'État, n'impliquait pas au début la reconnaissance pour l'individu secouru du droit à l'assistance. Mais la personne privée de ressources, à qui est refusée l'inscription sur la liste d'assistance médicale, a été admise à porter sa réclamation devant une commission cantonale (art. 17 de la loi de 1893), qui est en somme un véritable tribunal administratif. C'est là une innovation qui a passé presque inaperçue lors de la discussion et du vote de la loi de 1893 ; il convient de ne pas en diminuer l'importance et d'y voir un premier pas vers l'admission du principe nouveau de l'assistance obligatoire répondant à cette double idée : devoir social — droit individuel.

II

En 1895, la question de l'assistance aux vieillards et aux incurables se trouva posée sur le terrain législatif dans les conditions suivantes :

La loi de finances de l'exercice contenait une disposition ainsi conçue : « Une loi spéciale déterminera les conditions d'emploi du

---

1. Voir l'exposé de ces travaux dans notre *Commentaire de la loi du 15 juillet 1893*, 2ᵉ édition, p. 54 et suiv. — *Adde* Hauriou, *Précis de droit administratif*, 4ᵉ édition, p. 94. — Par contre, dans son rapport au congrès international de 1889 (*Recueil des travaux du congrès*, t. I, p. 21), M. Regnard, inspecteur général de l'assistance publique, s'exprimait déjà en ces termes : « ... Si c'est une obligation pour la société, c'est forcément un droit pour l'individu et un droit qui ne reconnaît pas de limites. Je n'ai jamais pu comprendre, pour ma part, l'attitude de certains écrivains qui, tout en admettant l'obligation à cet égard pour l'État, nient le droit du citoyen aux secours. »

crédit de deux millions, pour les pensions de retraite aux travailleurs, inscrit au chapitre 13 du budget du ministère du commerce. »
Il s'agissait du crédit prélevé sur les ressources produites par l'aliénation des diamants de la couronne, au sujet duquel la Chambre vota, dans ses séances des 6, 8 et 9 avril 1895, un projet de loi dont l'article 4 portait : « Pendant la période transitoire, les vieillards sans ressources âgés de soixante-dix ans, et pour lesquels les communes et les départements accorderont une allocation annuelle de 50 francs au minimum, obtiendront de l'État une majoration proportionnelle aux fonds disponibles sur le quart du crédit ouvert au chapitre 13 du budget du ministère du commerce et de l'industrie. Les majorations de l'État seront au maximum de 50 francs. La proportion de la participation des communes sera établie d'après les barèmes indiqués dans la loi sur l'assistance médicale. »

Ce projet de loi spéciale, qui avait avant tout pour but de favoriser la prévoyance, fut remanié dans des délibérations approfondies, au Sénat et à la Chambre, à la suite desquelles la partie relative aux pensions d'assistance finit par être réservée comme devant faire l'objet d'une législation séparée [1]. C'est alors que la Chambre des députés, pour affirmer sa volonté de ne pas ajourner indéfiniment le vote de cette législation, adopta à l'unanimité de 572 votants l'ordre du jour du 27 décembre 1895 qui fut la conclusion d'un important débat :

« La Chambre, résolue à organiser dans le plus bref délai possible l'assistance aux infirmes et aux vieillards indigents par la contribution des communes, des départements et de l'État, prend acte de la promesse faite par le gouvernement de proposer dans le budget de 1897 les crédits nécessaires pour jeter les premières bases de cette organisation. »

Les pouvoirs publics ont donné sans retard à cette résolution la suite qu'elle comportait par l'ouverture, au budget du ministère de l'intérieur d'un crédit annuel de 590 955 francs [2] dont l'affectation est précisée comme suit dans la loi de finances du 29 mars 1897 :

« Art. 43. — A partir du 1er janvier 1897, l'État contribuera, dans

---

1. La partie concernant la prévoyance devint la loi du 31 décembre 1895, relative à la bonification des pensions de retraite.

2. Le crédit proposé par le gouvernement s'élevait à 600 000 fr. Mais la commission du budget ayant réclamé une réduction sur l'ensemble du budget de l'intérieur,

les conditions de la loi sur l'assistance médicale, et conformément aux barèmes A et B de cette loi, au payement de toute pension annuelle d'au moins quatre-vingt-dix francs (90 fr.) et de deux cents francs au plus (200 fr.), constituée par les départements ou les communes, d'accord avec les conseils généraux, en faveur de toute personne de nationalité française, privée de ressources, incapable de subvenir par son travail aux nécessités de l'existence, et soit âgée de plus de soixante-dix ans, soit atteinte d'une maladie ou d'une infirmité reconnue incurable, sans que le nombre des pensions auxquelles devra contribuer l'État puisse dépasser, par département, deux pour mille (2 p. 1 000) de la population, et que cette contribution, pour chaque pension, puisse être supérieure à 50 francs. Cette pension annuelle sera toujours révocable. »

Cet ensemble de dispositions contient sous sa forme très synthétique des indications qu'il y a lieu de noter d'ores et déjà. Il fixe d'abord les conditions auxquelles l'assistance sera donnée : il exige la nationalité française, l'âge de soixante-dix ans, la privation de ressources, l'incapacité de subvenir par le travail aux nécessités de l'existence, et enfin une maladie ou une infirmité reconnue incurable. Le principe de l'obligation légale n'est pas établi, il est vrai, pour les départements ou les communes, qui restent libres de constituer ou de ne pas constituer de pensions, mais il existe pour l'État, qui s'oblige dans les conditions fixées par la loi.

En même temps, et pour seconder les intentions de la Chambre formulées dans la déclaration du 27 décembre 1895, le gouvernement chargeait le Conseil d'État de préparer un projet de loi organique sur l'assistance aux indigents âgés ou incurables. Le conseil d'État fut saisi de la question le 13 mars 1896; M. R. de Moüy, maître des requêtes, fut désigné comme rapporteur. Les sections réunies de législation et de l'intérieur consacrèrent un certain nombre de séances à son examen et à la préparation d'un texte, en prenant comme point de départ de leurs travaux les dispositions élaborées par le conseil supérieur; ensuite l'assemblée générale du Conseil d'État en délibéra à deux reprises, et elle arrêta le 30 mars 1898 un

---

une diminution proportionnelle fut opérée sur quelques crédits, et le chapitre de la contribution aux pensions de vieillards et incurables subit pour sa part une réduction de 9 045 fr., ce qui ramena le montant du crédit au chiffre de 590 955 fr.

ensemble d'articles qui servit de base [1] au projet de loi que le gouvernement devait proposer aux délibérations du parlement, après le renouvellement intégral de la Chambre des députés en mai 1898.

Le gouvernement attachait une grande importance au dépôt et au vote de ce projet. Au congrès national d'assistance de Rouen, tenu en juin 1897, M. Barthou, ministre de l'intérieur, s'exprimait en ces termes :

« Il n'est pas un homme public qui ne reconnaisse, et la Chambre a voté en ce sens une résolution unanime, que l'assistance, selon les termes mêmes adoptés par le congrès international de 1889, constitue une obligation de l'État envers l'indigent qui, temporairement ou définitivement, se trouve dans l'impossibilité de subvenir aux besoins de l'existence.

« ... Il faut donc en faire l'aveu : si la bienfaisance privée, si l'initiative individuelle, si l'épargne et la prévoyance, si les sociétés de secours mutuels n'ont pas réussi à résoudre ce problème redoutable (assistance aux vieillards et aux incurables), je dis bien haut qu'il faudra trouver à la question une solution plus hardie et plus sûre ; je dis que, conformément aux vœux exprimés par le congrès international de 1889 et à la tradition constante de tous les hommes de la Révolution française, l'assistance pour les vieillards âgés de soixante-dix ans et incapables de subvenir à leurs besoins par leur travail devra devenir une obligation [2] inscrite dans la loi à la charge de l'État, des départements et des communes. » (*Vifs applaudissements.*)

Dans son discours de Bayonne du 4 octobre 1897, M. Barthou, ministre de l'intérieur, proposait, pour le programme des travaux

---

1. Le projet, élaboré par le Conseil d'État et dont il a été fait mention à la Chambre (séance du 29 mai 1903, *J. off.*, p. 1787, col. 1), ne répondait pas absolument aux vues du gouvernement. Ce projet enlevait notamment à l'assistance le caractère communal là où, semble-t-il, il est le plus nécessaire de le lui conserver. Contrairement au but poursuivi par l'administration d'accord avec le conseil supérieur de l'assistance publique, l'assistance aux vieillards, aux infirmes et aux incurables était une assistance facultative ; l'action des corps électifs se réduisait presque à néant, et il n'était prévu aucun recours de la part soit des intéressés, soit des contribuables. On verra plus loin, par le résumé du projet du gouvernement, que ce projet s'écarta assez sensiblement des propositions du Conseil d'État.

2. Dans la séance du 16 juin 1897, le congrès de Rouen a adopté, sur le rapport de M. Paul Strauss, des résolutions tendant à l'assistance obligatoire des vieillards, des infirmes et des incurables, suivant les conditions générales de la loi de 1893.

de la future Chambre, l'organisation légale de l'assistance et déclarait qu'il convenait d'aborder sans plus tarder « le problème redoutable, mais inéluctable, que pose sous nos yeux la vieillesse indigente ou infirme ».

Ce n'étaient pas là de vaines promesses. Au conseil des ministres qui précéda la rentrée des Chambres (mai 1898), M. Barthou présenta et fit approuver un projet de loi concernant l'assistance aux vieillards et aux incurables, dont voici les grandes lignes [1] :

Des secours publics sont rendus obligatoires en faveur des vieillards et des incurables satisfaisant aux quatre conditions suivantes :

Être Français ;

Être indigent ;

Être, soit âgé de soixante-cinq ans au moins, soit atteint d'une infirmité incurable ;

Être reconnu incapable de subvenir à sa subsistance par le travail. (Ainsi la vieillesse ou l'incurabilité ne suffisent pas ; il faut encore qu'elles produisent une incapacité de travail régulièrement constatée.)

Les secours publics ne sont alloués qu'au cas d'absence ou d'insuffisance des secours, soit privés (dette alimentaire, œuvres charitables), soit publics (ressources des bureaux de bienfaisance et des hospices).

Le domicile de secours s'acquiert par un séjour de dix ans pour les vieillards, de cinq ans pour les incurables.

La dépense est répartie entre la commune, le département et l'État, suivant les barèmes (légèrement modifiés) de la loi du 15 juillet 1893 (assistance médicale gratuite), les communes riches venant en aide aux communes pauvres par la subvention du département, les départements riches venant en aide aux départements pauvres par la subvention de l'État, de sorte que l'assistance publique ne va pas seulement de la collectivité à l'individu, mais de collectivité à collectivité.

Les malheureux qui se trouvent dans les conditions légales pour être secourus et qui n'ont acquis ni domicile communal, ni domicile départemental, sont à la charge de l'État.

---

1. *Revue des établissements de bienfaisance et d'assistance*, 1898, p. 187.

La liste des bénéficiaires, préparée par le bureau d'assistance, est arrêtée par le conseil municipal. Un recours existe contre ses décisions dans les conditions de la loi de 1893.

Le secours consiste, soit dans l'attribution d'une pension mensuelle, payée à domicile, soit dans l'hospitalisation.

Sauf exception, le secours à domicile est préféré.

Il peut être accordé à des individus ou à des œuvres privées qui se chargent du vieillard ou de l'incurable.

La pension est toujours révocable. Délivrée par le bureau d'assistance, elle est donnée, soit en argent, soit en nature, soit partie en argent et partie en nature.

Les dépenses résultant de l'application de la loi sont obligatoires. Elles peuvent être inscrites d'office aux budgets communaux ou départementaux.

C'était dans l'ensemble le projet élaboré par le Conseil d'État sur les données qu'avait fournies, au rapport de M. Hermann Sabran, le conseil supérieur de l'assistance publique. Comme modifications, il faut noter : l'affirmation de l'obligation de l'assistance, avec possibilité de recours contre la formation de la liste des bénéficiaires ; la fixation, pour les vieillards, de la limite d'âge à 65 ans (le Conseil d'État proposait 70 ans) ; le caractère communal du nouveau service, dont l'organisation se rapprochait de l'assistance médicale, conformément d'ailleurs aux vues du conseil supérieur.

Ce projet de loi ne fut pas soumis au parlement, le cabinet Méline, dont faisait partie M. Barthou, ayant cru devoir se retirer devant l'ordre du jour voté par la Chambre des députés dans la séance du 14 juin 1898.

Depuis cette époque, des déclarations successives des ministres de l'intérieur[1] autorisaient à penser que le projet du gouvernement de 1898 serait repris et proposé au parlement.

En ouvrant la session ordinaire de 1899 du conseil supérieur de l'assistance publique, M. Jules Legrand, sous-secrétaire d'État au ministère de l'intérieur, a fait connaître (*Actes du conseil supérieur*, fasc. 67, pages 4 et 5) que, dès qu'il avait été appelé au ministère, il s'était préoccupé de ce projet, dont il sentait l'extrême impor-

---

1. Notamment au Sénat, séance du 3 avril 1900, et à la Chambre des députés, 17 octobre 1902.

tance ; il ajoutait que, d'accord avec le directeur de l'assistance publique, il avait apporté au projet quelques légères corrections, en marquant encore plus fortement le caractère municipal de l'assistance aux vieillards et aux incurables, en empruntant à une proposition de loi de M. Paul Strauss, dont nous parlerons bientôt, un barème C, établi d'après le coefficient d'indigence, et enfin en procurant des avantages déterminés à ceux qui auraient fait acte de prévoyance. « Nous avons dressé des tableaux, disait-il en terminant, qui permettent de faire une part importante à la prévoyance. Celui qui sera parvenu à s'assurer un petit revenu pour sa vieillesse aura quand même, dans certaines conditions et sous certaines réserves, droit à l'assistance [1]. »

L'utilité, la nécessité même de la réforme ont été maintes fois reconnues et affirmées par l'administration. C'est qu'en effet la pratique a souvent donné lieu de constater les lacunes de notre législation, au point de vue de l'assistance aux vieillards et aux incurables, plus spécialement en ce qui concerne ces derniers. Tantôt, ce sont des militaires indigents, réformés pour leur état de santé sans avoir droit à une pension sur le budget de la guerre, qui doivent être renvoyés des hôpitaux où ils étaient en traitement et dirigés sur les communes de leur domicile de secours, lesquelles ne sont pas tenues de les secourir ; tantôt, ce sont des Français âgés ou atteints d'affections incurables à l'étranger et dont on ne peut autoriser le rapatriement parce que leur assistance en France ne serait pas assurée ; tantôt, ce sont des déments séniles, des épileptiques, des idiots qu'il n'est pas possible de considérer comme des malades, puisque leur infirmité est inguérissable, ni comme des aliénés proprement dits, puisqu'ils n'ont pas perdu la raison, et qui, faute d'obligation pour personne de les assister, offrent le spectacle lamentable de malheureux que les services départementaux d'assistance publique renvoient aux secours très aléatoires, souvent nuls, toujours insuffisants, des établissements communaux de bienfaisance.

D'autres fois enfin, ce sont des malades pauvres, traités en vertu de la loi sur l'assistance médicale gratuite, qui, étant reconnus incurables, se trouvent figurer indûment parmi les bénéficiaires de

---

1. C'est là une double idée qu'on retrouve dans le texte voté par la Chambre : droit à l'assistance, encouragement à l'esprit de prévoyance.

la loi du 15 juillet 1893 et au sujet desquels il faut expliquer aux communes et aux hospices que la loi n'impose encore à personne le devoir de payer les frais de traitement d'un malheureux dont on ne peut plus espérer la guérison.

Aussi, dans ses rapports au ministre de l'intérieur sur l'exécution de la loi du 15 juillet 1893, le directeur de l'assistance et de l'hygiène publiques n'a pas manqué d'insister sur la nécessité d'aboutir, du moins pour l'assistance aux malades qui, hospitalisés en exécution de la loi de 1893, deviennent incurables [1] et qui se trouvent privés de secours au moment où il est établi qu'ils en ont un besoin définitif.

Dans son discours d'ouverture au congrès international d'assistance publique et de bienfaisance privée, tenu à Paris en 1900, M. Henri Monod, après avoir rappelé que la loi de 1893 avait fait pénétrer dans notre législation le principe de l'assistance obligatoire, ajoutait : « Ce principe produira peu à peu ses conséquences nécessaires. La principale sera d'instituer le service public des secours aux vieillards, aux infirmes et aux incurables... Les enquêtes montrent qu'ils se comptent par milliers, dans notre pays, les pauvres vieux qui n'ont d'autre moyen de vivre que la mendicité, qui est souvent pour eux un moyen de mourir... Un des rappor-

---

1. *Actes du conseil supérieur de l'assistance publique,* fascicule 55, p. 139, rapport pour 1895 ; fasc. 61, p. 144, rapport pour 1896 ; fasc. 92, p. 124, rapport pour 1897-1899. Dans ce dernier rapport, M. Henri Monod s'exprime ainsi :

« L'assistance légale des communes ne jouissant pas de lits d'hospice aux infirmes et aux incurables n'a encore reçu, au point de vue hospitalier, aucun commencement d'exécution. Comment les communes ne seraient-elles pas tentées d'assimiler dans certains cas les incurables aux malades proprement dits ? C'est le moyen pour elles d'obtenir le concours du département et de l'État. On ose à peine les en blâmer quand on songe que peut-être, si ce concours ne leur était pas acquis par ce moyen peu correct, des malheureux resteraient sans assistance quelconque. Ajoutez que les malades, hospitalisés régulièrement en vertu de la loi de 1893, peuvent, en cours de traitement, devenir incurables. Du jour où l'incurabilité a été constatée, l'assistance cesse d'être légalement obligatoire et de ce jour, la commune ou le département qui les a assistés est dans l'alternative ou de commettre un acte irrégulier en prolongeant indûment le séjour hospitalier, ou de commettre un acte inhumain en mettant l'hospitalisé, devenu incurable, à la porte de l'hôpital. Il y de nombreux exemples des uns et des autres.

« C'est ainsi que chaque année pèse plus lourdement sur notre assistance publique le retard mis au vote d'une loi organisant les secours publics aux vieillards et aux incurables. Le vote d'une telle loi, conséquence nécessaire de celle du 15 juillet 1893, devoir impérieux d'une démocratie, est le seul moyen de mettre un terme aux difficultés, aux incohérences, aux malfaisances, auxquelles une fois de plus je me heurte et qu'une fois de plus je mets en lumière. »

teurs du présent congrès, M. Louis Rivière, constate que, pour hospitaliser un vieillard sans appui, les préfets ont été réduits à lui faire infliger une condamnation pour mendicité, afin de pouvoir le maintenir au dépôt départemental. A la fin d'une vie sans tache, il faut imposer au pauvre la tare préalable du casier judiciaire pour l'empêcher de mourir de faim. Et cela sous la République ! Et cela au seuil du vingtième siècle ! Dites-le, Messieurs, dites-le surtout, vous, Mesdames, n'est-ce pas à pleurer de pitié? ou plutôt n'est-ce pas à rougir de honte ?... Exprimons donc l'espoir que les Chambres, pour adopter le projet du gouvernement, retrouveront cette unanimité qui, en 1895, soulevait tous les partis dans un même élan généreux. »

Le vœu de M. Henri Monod s'est trouvé réalisé, en partie du moins, le 15 juin 1903, par le vote unanime, à trois voix près, de la Chambre des députés, qui paraît devoir entraîner l'adhésion du Sénat, saisi de la question à la date du 19 juin. Le projet adopté n'émanait pas du gouvernement. Mais l'accord établi entre la commission d'assurance et de prévoyance sociales et le ministre de l'intérieur, la part active prise aux travaux de la commission et aux débats de la Chambre par le directeur de l'assistance et de l'hygiène publiques, commissaire du gouvernement, enfin l'intervention du président du conseil, adressant un chaleureux appel à tous les députés avant le scrutin sur l'ensemble de la proposition et déclarant que le gouvernement soutiendra de toutes ses forces auprès du Sénat le texte de la Chambre, font de la réforme votée l'œuvre commune du gouvernement et de la Chambre des députés.

III

Avant même les travaux de la commission d'assurance et de prévoyance sociales, l'activité parlementaire s'était exercée sur la question d'organisation de l'assistance aux vieillards et aux infirmes. Le 22 février 1895, la Chambre était saisie par MM. Émile Rey et Lachièze d'une proposition[1] inspirée par le projet du conseil supérieur de l'assistance publique et par la loi sur l'assistance médicale.

---

1. *Impr. de la Chambre*, VIe législature, n° 1193.

Un rapport fut présenté, le 13 décembre 1895, au nom de la commission relative à la mendicité, par M. Fleury-Ravarin, sur cette proposition, en même temps que sur une autre proposition de M. Georges Berry, tendant à la suppression de la mendicité: la commission s'était attachée à étudier, comme préface à ses travaux, la suppression même des mendiants, ou du moins d'une catégorie d'entre eux, et non la moins intéressante. Le rapport de M. Fleury-Ravarin[1] concluait à la nécessité d'étendre *le droit au secours* aux vieillards et aux infirmes indigents, pour assurer la répression de la mendicité : c'était là, disait le rapport, œuvre d'hygiène sociale, œuvre de préservation sociale. Le projet de la commission, de même d'ailleurs que la proposition de MM. Émile Rey et Lachièze, prévoyait, pour l'intéressé, le droit de réclamer son inscription devant la commission cantonale d'appel de la loi de 1893.

Deux années plus tard, au mois de janvier 1898, pendant les délibérations du Conseil d'État sur le projet élaboré par la section de l'intérieur, M. Paul Strauss déposait sur le bureau du Sénat une proposition « sur l'assistance obligatoire due aux vieillards et aux infirmes indigents ». Cette proposition[2] reproduisait les conclusions suivantes qui avaient été adoptées par le congrès d'assistance de Rouen, dont nous avons déjà parlé :

« 1° Tout Français, privé de ressources, âgé de soixante-dix ans au moins, ou atteint d'une infirmité ou d'une maladie reconnue incurable, qui est incapable de pourvoir à ses besoins par son travail, reçoit gratuitement de la commune, du département ou de l'État, suivant son domicile de secours, l'assistance soit à domicile, soit dans un établissement hospitalier, soit dans des familles où il est placé moyennant pension.

---

1. *Impr. de la Chambre*, VIe législature, n° 1673. — Le rapport de M. Fleury-Ravarin explique dans les termes suivants (p. 3) comment les hospices sont devenus trop étroits pour la population urbaine indigente : « La situation de ceux que le chômage, la vieillesse et les infirmités atteignent est devenue beaucoup plus aiguë qu'il y a un siècle; et cette aggravation se fait sentir plus encore dans les villes que dans les campagnes, la richesse moyenne ayant progressé plus rapidement, et grâce à des facteurs plus nombreux, dans les premières que dans les secondes. Ce phénomène, surabondamment prouvé, est dû à l'intensité qu'a prise de nos jours la vie sociale sous l'impulsion de la division du travail poussée à l'extrême, et réduisant, par suite, l'individu à un complet isolement. La conséquence directe en est aujourd'hui que l'homme qui ne peut plus travailler pour suffire à ses propres besoins se trouve perdu. »

2. *Impr. du Sénat*, 1898, n° 10.

« 2° Il est organisé dans chaque département, sur le modèle de la loi du 15 juillet 1893, un service d'assistance gratuite pour les vieillards et les infirmes remplissant les conditions exigées par l'article 1er du projet de loi voté par le conseil supérieur de l'assistance publique.

« 3° Le domicile de secours s'acquiert, pour le septuagénaire, pour l'infirme et l'incurable, par une résidence habituelle de cinq années dans la commune et de dix années dans le département. A défaut du domicile de secours communal et départemental, l'assistance des vieillards, des infirmes et des incurables incombe à l'État.

« 4e Les dépenses du service sont obligatoires ; elles sont supportées par les communes, les départements et l'État, dans les proportions prévues par la loi sur l'assistance médicale gratuite. »

En outre, et c'était là ce qui constituait le caractère vraiment original de la proposition, M. Paul Strauss complétait les deux barèmes A et B de la loi de 1893 par un troisième barème, dit barème C, qui comportait l'allocation d'une subvention directe de l'État aux communes, subvention plus ou moins forte suivant le coefficient d'indigence de la commune. Deux communes, ayant un centime communal de même valeur et ayant droit par suite à une subvention départementale de même importance d'après le barème A, peuvent cependant avoir des charges bien inégales et se trouver dans une situation tout à fait différente, si la première commune, par exemple, a deux fois, trois fois..., plus d'indigents à assister que la seconde. — C'est pour remédier à cette inégalité réelle que M. Paul Strauss avait imaginé le barème C, dont la paternité lui appartient.

La sixième législature (1893-1898) s'étant terminée sans que le rapport de M. Fleury-Ravarin fût venu en discussion, la proposition de loi de MM. Émile Rey et Lachièze devint caduque. Elle fut reprise par ses auteurs le 3 février 1899[1] et renvoyée à la commission d'assurance et de prévoyance sociales, déjà saisie d'une proposition présentée par M. Louis Puech le 14 novembre 1898 et dont l'objet était d'allouer une pension de vieillesse à tout Français jouis-

---

1. *Impr. de la Chambre*, VIIe législature, n° 714.

sant de ses droits civils, arrivé à l'âge de soixante-dix ans[1]. Ces propositions donnèrent lieu à un rapport de M. Bienvenu-Martin qui, au nom de la commission, présenta, le 19 février 1900, une proposition de loi[2]. Comme sous la législature précédente, la Chambre ne put pas en délibérer et le projet fut de nouveau frappé de caducité.

Cependant, l'expérience de l'assistance facultative (facultative du moins pour les communes et les départements), instituée par la loi du 29 mars 1897, se poursuivait sans donner de résultats suffisamment satisfaisants. Le tableau suivant indique le nombre restreint des départements qui, de 1897 à 1901, ont organisé ce service facultatif d'assistance aux vieillards et aux incurables, avec le montant de la contribution de l'État.

ANNÉES.	NOMBRE des départements ayant constitué des pensions.	CONTRIBUTION de l'État.
		fr. c.
1897.	14	13 041 94
1898.	41	65 053 38
1899.	49	100 152 95
1900.	52	114 351 19
1901.	52	135 146 15

Comme avant la loi de 1893 pour l'assistance aux malades pauvres (ancien régime de la médecine gratuite), la perspective d'une subvention de l'État n'avait pas suffi pour amener l'ensemble des départements à organiser un service facultatif d'assistance aux vieillards et aux incurables. La nécessité de l'obligation de l'assistance apparaissait encore ici très nettement.

Mais, en attendant le vote de la réforme, réclamé d'un avis unanime, on eut recours à une modification du système institué par la loi de 1897. D'un accord intervenu entre le gouvernement, la commission du budget et M. Émile Rey, résulta la disposition suivante, adoptée par la Chambre le 8 mars (2ᵉ séance), par le Sénat

---

1. *Impr. de la Chambre*, VIIᵉ législature, n° 357.
2. *Id., ibid.*, n° 1434.

le 27 mars 1902 et qui est devenue l'article 61 de la loi de finances du 30 mars 1902 :

« L'État participera aux pensions prévues par l'article 43 de la loi de finances du 29 mars 1897, constituées par les départements ou les communes, d'accord avec les conseils généraux, au profit des personnes de nationalité française, privées de ressources, incapables de subvenir par leur travail aux nécessités de l'existence et soit âgées de plus de soixante-dix ans, soit atteintes d'une infirmité ou d'une maladie incurable, dans les conditions de la loi sur l'assistance médicale et conformément aux barèmes A et B de cette loi, avec cette modification que la part des communes, telle qu'elle résulte du barème A, sera diminuée de 10 p. 100 et celle de l'État augmentée d'une somme égale.

« Néanmoins, la part de l'État ne dépassera jamais 60 fr. par pension et le total de la subvention de l'État sera fixé, chaque année, par la loi de finances.

« L'État ne pourra subventionner par département un nombre de pensions supérieur à 2 p. 1000 de la population.

« La pension ne pourra être supérieure à 200 fr. ni inférieure à 50 fr.

« Cette pension annuelle sera toujours révocable.

« Les pensions établies sur les bases de la loi de 1897 ne seront pas modifiées. »

Ces prescriptions nouvelles avaient pour objet de faciliter l'organisation de l'assistance aux vieillards et aux incurables ; c'est ce qui résulte des modifications ci-après :

1° Le chiffre de la pension minima est réduit de 90 à 50 fr. ;

2° Le maximum du concours de l'État se relève de 50 à 60 fr. ;

3° Enfin, la part des communes, telle qu'elle résulte du barème A, est diminuée de 10 p. 100 et celle de l'État est augmentée d'une somme égale.

Il en résulte un supplément de dépenses à la charge du budget de l'État. Mais la contribution de l'État n'a été que de 291 648 fr. 47 pour 1902 [1] (dépense totale : 2 368 934 fr. 05) et de 325 768 fr. 70 pour

---

1. Le crédit demandé pour 1904 et pour 1905 s'élève seulement à 400 000 fr., somme qui a paru suffisante au ministère de l'intérieur pour assurer le payement de la contribution de l'État.

1903 (dépense totale : 2 503 662 **fr.** 36), tellement sont lents les progrès qu'on peut attendre de l'assistance facultative[1].

Aussi bien, dès 1902, la question devait être portée sur son véritable terrain : l'assistance obligatoire réalisée par réforme législative.

Au début de la huitième législature, dans la courte session qui a suivi le renouvellement intégral d'avril-mai 1902, la Chambre des députés fut saisie de deux propositions de loi, déjà présentées au cours de la législature précédente, et ayant pour objet l'une et l'autre de consacrer l'obligation de l'assistance aux vieillards, aux infirmes et aux incurables. L'une émanait de MM. Émile Rey et Lachièze ; l'autre, de MM. Bienvenu-Martin, Audiffred, Louis Barthou, Delbet, Paul Guieysse et Pourteyron. Ces noms seuls indiquaient de quelle autorité légitime jouissaient au sein de la Chambre les promoteurs de la réforme. M. Émile Rey a été le rapporteur et le défenseur convaincu du projet de loi qui est devenu la loi du 15 juillet 1893 sur l'assistance médicale gratuite ; il a le premier saisi la Chambre (1895) d'une proposition d'assistance aux vieillards et aux incurables ; M. Bienvenu-Martin, comme maître des requêtes au Conseil d'État, avait eu à étudier le projet de loi élaboré par le gouvernement ; puis, nommé député, il rapporta, au nom de la commission d'assurance et de prévoyance sociales, une proposition de loi analogue, due à son initiative et soumise à la Chambre précédente ; M. Louis Barthou avait, comme ministre de l'intérieur, renvoyé à l'examen du Conseil d'État le projet de loi que nous venons de rappeler ; M. Audiffred s'est particulièrement occupé des questions de mutualité et M. Guieysse, du problème des retraites ouvrières. C'est dire sous quel haut patronage l'assistance aux vieillards et aux incurables se présentait devant la huitième législature, dès ses premières séances.

Les deux propositions se rapprochaient beaucoup de la loi du

---

1. Les résultats obtenus par la persuasion sont toujours restés très incomplets, soit que les assemblées départementales et communales n'aient pas voulu imposer de sacrifices aux contribuables pour développer une organisation à laquelle le législateur hésitait à reconnaître le caractère de service public, soit que, en l'absence d'un service de secours généralisé, elles aient craint d'attirer la masse des indigents sur les parties du territoire où un tel service fonctionnerait. Les encouragements sur les fonds publics ont ainsi donné lieu à des expériences intéressantes, profitables à la science de l'assistance, mais elles n'ont pas abouti à la solution du problème.

15 juillet 1893 (assistance médicale gratuite), sur laquelle paraissait devoir se modeler toute loi nouvelle en matière d'assistance. Elles organisaient en effet l'assistance aux vieillards, aux infirmes et aux incurables dans les conditions ci-après.

Les points communs aux deux propositions étaient les suivants :

L'assistance aux vieillards (âgés de soixante-dix ans), aux infirmes et aux incurables est obligatoire, comme l'assistance aux malades, instituée par la loi du 15 juillet 1893.

Le service est organisé dans chaque département par le conseil général délibérant dans les conditions prévues par l'article 48 de la loi du 10 août 1871.

La charge de l'assistance incombe à la collectivité du domicile de secours (commune ou, à défaut, département) et, en l'absence de domicile de secours communal ou départemental, à l'État.

Le temps exigé pour l'acquisition ou la perte du domicile de secours est fixé à cinq ans.

Il est dressé une liste communale d'assistance : par le bureau d'assistance et le conseil municipal (proposition Émile Rey); par le bureau de bienfaisance et le conseil municipal ou, à défaut de bureau de bienfaisance, par le bureau d'assistance et le conseil municipal (proposition Bienvenu-Martin).

La commission départementale prononce l'admission à l'assistance des vieillards, des infirmes et des incurables qui ont le domicile de secours départemental.

L'assistance est donnée en principe à domicile.

Le prix de journée dans les hospices est réglé par arrêté du préfet, sur la proposition des commissions administratives et après avis du conseil général, sans qu'on puisse imposer un prix de journée inférieur à la moyenne du prix de revient constaté pendant les cinq dernières années.

Conformément au principe de solidarité inauguré par la loi du 15 juillet 1893, les communes les plus riches viennent en aide aux communes les plus pauvres, les départements les plus riches viennent en aide aux départements les plus pauvres, par le double jeu des subventions du département aux communes, et de l'État aux départements.

Un tiers des fonds du pari mutuel consacrés aux œuvres d'assistance est affecté, comme subvention de l'État, aux dépenses extraordinaires du service, comprenant les frais d'agrandissement et de construction d'hospices.

Les points particuliers à chacune des deux propositions étaient les suivants :

Proposition Émile Rey. — Le conseil général délibère sur la fixation du minimum et du maximum des pensions à domicile, dans les limites de 60 fr. à 180 fr. par an.

Le préfet prononce l'admission à l'assistance des vieillards, des infirmes et des incurables sans domicile de secours.

Les proportions établies par les barèmes A et B de la loi de 1893 sont modifiées par l'addition de 10 unités à la part de l'État (barème B), en décharge du contingent des communes (barème A). Par exemple, si la valeur du centime communal est comprise entre 40 fr. 01 et 60 fr., la portion de la dépense à couvrir par la commune sera de 20 p. 100, et par le département (au moyen de ses subventions et de celle de l'État), de 80 p. 100, au lieu de 30 et 70 p. 100. Ainsi, pour un département dont la valeur du centime par kilomètre carré est de 2 fr. 51 à 3 fr., l'État payera 70 p. 100 et le département 30 p. 100, au lieu de 60 et 40 p. 100.

Suivant une disposition analogue à l'article 35 de la loi de 1893, les communes ou syndicats de communes peuvent être autorisés à avoir une organisation spéciale du nouveau service, par décision du ministre de l'intérieur rendue après avis du conseil supérieur de l'assistance publique.

Proposition Bienvenu-Martin. — L'admission à l'assistance des vieillards, des infirmes et des incurables sans domicile de secours est prononcée par le ministre de l'intérieur, sur l'avis conforme d'une commission, composée de treize membres nommés par décret et chargée en outre de statuer définitivement sur les recours formés contre les décisions des commissions cantonales et départementales.

Des règlements d'administration publique détermineront : 1° les mesures nécessaires pour assurer l'exécution de la loi nouvelle ; 2° les conditions de son application à la ville de Paris.

La loi ne sera applicable que six mois après sa promulgation.

Les deux propositions de loi que nous venons de résumer furent renvoyées à la commission d'assurance et de prévoyance sociales, qui, sous la présidence de M. Millerand, se mit immédiatement à l'œuvre.

Dès le lendemain de sa constitution, le 5 décembre 1902, la commission, après une discussion générale sur l'ordre et l'esprit qui présideraient à ses travaux, adoptait, sur la proposition de M. Millerand, la résolution ci-après :

« La commission, considérant qu'il est du devoir de la République d'instituer un service public de solidarité sociale ;

« Que la solidarité sociale diffère essentiellement de la charité en ce qu'elle reconnaît aux intéressés définis par la loi un droit et qu'elle leur donne un moyen légal de le faire valoir ;

« Que le principe de la solidarité sociale inspire et commande deux formes distinctes de réalisation : l'assurance et l'assistance ;

« En ce qui touche l'assurance :

« Considérant que son but est de constituer à tous les membres de la nation des moyens de s'assurer, par leurs seules ressources personnelles, une retraite de vieillesse ou d'invalidité ;

« En ce qui touche l'assistance :

« Considérant que, dans tous les cas où, pour une raison quelconque, un vieillard ou un invalide se trouve privé de toute ressource, le devoir strict de la nation est d'intervenir pour l'assister ;

« Considérant que la conclusion nécessaire de ces prémisses est l'obligation pour tous les membres de la nation de participer aux charges de la solidarité sociale ;

« Décide la création, selon ces principes, d'un service public de solidarité sociale, et de prendre pour base de ses travaux les deux rapports déposés, au nom de la commission précédente, par MM. Guieysse et Bienvenu-Martin, qui lui ont été renvoyés sous forme de proposition de loi. »

Le rapport de M. Guieysse concernait l'institution des retraites ouvrières ; celui de M. Bienvenu-Martin, l'assistance obligatoire aux vieillards, aux infirmes et aux incurables. C'est ce dernier que la Chambre a d'abord examiné.

IV

Tous les projets et propositions[1] que nous avons analysés jusqu'ici tendaient à organiser l'assistance aux vieillards, aux infirmes et aux incurables suivant les règles générales, suivant même les dispositions de détail, de la loi du 15 juillet 1893 sur l'assistance médicale. La proposition de la commission d'assurance et de prévoyance sociales, surtout d'après le texte voté par la Chambre, s'inspire encore de la loi de 1893; mais, loin de l'imiter servilement, elle s'en écarte en plus d'un point et elle complète, elle renforce plusieurs de ses prescriptions.

Dès l'article 1ᵉʳ, le principe de l'assistance obligatoire est proclamé, avec affirmation du droit individuel en face du devoir social. Les anciennes formules : « Tout Français privé de ressources reçoit gratuitement l'assistance... » (loi du 15 juillet 1893), ou : « L'assistance est due à... » sont remplacées par ce texte plus net et plus précis : « Tout Français privé de ressources, soit âgé de soixante-dix ans, soit atteint d'une infirmité ou d'une maladie reconnue incurable et qui le rend incapable de pourvoir à sa subsistance par le travail, *a droit*, aux conditions et sous les réserves ci-après, au service de solidarité sociale institué sous forme d'assistance obligatoire par la présente loi. »

Il serait trop long d'analyser un par un les 41 articles de la proposition adoptée le 15 juin 1903; au surplus, ses dispositions essentielles peuvent se traduire par les quatre propositions suivantes, qui ont eu la rare bonne fortune d'être acceptées sans difficulté par la presque unanimité de la Chambre :

I. — L'assistance aux vieillards, aux infirmes et aux incurables, qui est exclusivement un service public, constitue une obligation sociale.

II. — Le devoir de solidarité sociale implique reconnaissance

---

1. En 1902 et au début de l'année 1903, la Société internationale pour l'étude des questions d'assistance a consacré plusieurs séances, en assemblée générale, à l'examen des propositions de loi de MM. Émile Rey et Bienvenu-Martin, et, en dernier lieu, à celui de la proposition de loi de la commission d'assurance et de prévoyance sociales. La Société internationale a donné son adhésion en principe à la réforme proposée.

d'une dette, au profit de l'individu, au profit de l'ayant droit, de la part de la société, de la part de la collectivité débitrice.

III. — Les frais occasionnés par l'assistance aux vieillards, aux infirmes et aux incurables sont en principe des dépenses communales.

IV. — L'organisation du service est départementale.

A ces principes généraux se rattachent un certain nombre d'idées accessoires, qui en sont pour ainsi dire le développement et la conséquence, mais qui ont été admises par la Chambre après quelque hésitation, ou du moins après débat et controverse.

L'assistance aux vieillards étant un service public, il en résulte que l'autorité publique a seule qualité pour assurer l'exact accomplissement du devoir de solidarité sociale et qu'elle ne doit pas se décharger de ce soin sur les œuvres de bienfaisance privée, ni sur les sociétés de secours mutuels[1].

La dette existe, sans qu'on ait à se préoccuper si l'individu est susceptible d'être secouru d'autre part. Il ne s'agit plus d'ailleurs à proprement parler d'assistance, de secours, mais du payement d'une dette. Dans le texte modifié, il n'y a plus d' « assistés », mais bien des « ayants droit ».

Le caractère de dette implique pour l'ayant droit des garanties spéciales, afin que des moyens légaux suffisants lui permettent de faire reconnaître et sanctionner son droit. Il sera donc recevable à réclamer devant la commission cantonale d'appel, comme le bénéficiaire de la loi de 1893, et sa réclamation pourra porter, non pas seulement sur l'inscription même, mais sur la quotité de l'allocation mensuelle qui lui est payée. Le recours concerne à la fois le droit lui-même et les modalités du droit au secours. Au surplus, les décisions de la commission cantonale peuvent à leur tour être frappées d'appel devant une commission centrale d'assistance instituée près le ministère de l'intérieur.

---

1. « La Chambre a repoussé — et comment ne l'eût-elle pas fait ? — tous les systèmes qui avaient pour but ou pour résultat de permettre aux représentants de la bienfaisance privée de s'immiscer dans la direction d'un service public, d'intervenir dans la désignation des bénéficiaires de l'assistance, de recevoir des subventions qui, payées par les deniers publics, ne doivent être allouées qu'à des établissements publics, soumis au contrôle administratif et financier d'autorités publiques. » (Discours de M. Henri Monod, commissaire du gouvernement, séance du 4 juin 1903.)

L'allocation mensuelle de l'ayant droit est une pension : donc, incessible et insaisissable ; payée par mandats ; payée en argent et non en nature.

La dépense est en principe communale ; mais, d'une part, il est fait état, dans une certaine mesure, de la bienfaisance privée et de la prévoyance, les dispositions de l'article 20 accordant du reste une prime à la prévoyance et à l'épargne ; d'autre part, l'application des principes de solidarité sociale apporte aux collectivités plus pauvres le concours des collectivités plus riches, par le système des subventions, emprunté à la loi de 1893, et complété par le nouveau barème C[1] (le concours financier donné à la commune ne dépend pas uniquement de la valeur du centime communal : la subvention directe de l'État à la commune tient compte du coefficient d'indigence).

L'article 20 (ancien article 18) a une importance telle, qu'il convient de le reproduire en entier ; en voici le texte :

« L'assistance à domicile consiste dans le payement d'une allocation mensuelle.

« Le taux de l'allocation mensuelle est arrêté, pour chaque commune, par le conseil municipal, sous réserve de l'approbation du conseil général.

« Il ne peut être inférieur à huit francs (8 fr.).

« Dans le cas où il excéderait trente francs (3o fr.), l'excédent n'entre en compte ni pour le calcul des remboursements à effectuer en vertu de l'article 4, ni pour la détermination de la subvention du département et de l'État prévue au titre IV.

« Au cas où l'ayant droit dispose de certaines ressources autres que celles qu'il peut se procurer par son travail, le conseil municipal, la commission départementale ou le préfet, suivant les cas,

---

1. **TABLEAU C.**

« *Subvention directe et complémentaire de l'État aux communes qui comptent plus de cinq assistés par mille habitants.*

« Par chaque bénéficiaire au-dessus de cinq par mille habitants, un pour cent (1 p. 100) de la dépense communale, sans toutefois que cette subvention puisse excéder vingt pour cent (20 p. 100) de ladite dépense ni que la part de la commune puisse descendre au-dessous des 10 p. 100 prévus au barème A. »

En outre, pour atténuer la charge des communes, les chiffres du barème A ont été relevés de 10 unités dans la colonne afférente à la subvention du département, et ceux du barème B ont subi la même majoration pour la subvention de l'État.

Nous reviendrons sur ce point en traitant des conséquences financières de l'assistance aux vieillards, aux infirmes et aux incurables.

déduisent, du taux applicable à la résidence de l'ayant droit, le montant de ces ressources. Toutefois, celles provenant de l'épargne, notamment d'une pension de retraite que s'est acquise l'ayant droit, n'entrent pas en décompte si elles n'excèdent pas soixante francs (6o fr.); dans le cas où elles dépassent ce chiffre, l'excédent n'est déduit que jusqu'à concurrence de moitié.

« Cette quotité est élevée de soixante francs (6o fr.) à cent vingt francs (120 fr.) pour les ayants droit justifiant qu'ils ont élevé au moins trois enfants jusqu'à l'âge de seize ans.

« Les ressources qui proviendraient à l'ayant droit des œuvres de la bienfaisance privée n'entrent en décompte que jusqu'à concurrence de moitié. »

Exception faite pour l'avant-dernier paragraphe, introduit par M. Mirman, cet article est dû à l'initiative du commissaire du gouvernement, qui l'a fait accepter d'abord par la commission et ensuite par la Chambre (4 et 5 juin). Ce texte reproduit d'ailleurs dans ses dispositions essentielles l'article 16 du projet du gouvernement de 1898[1]. Il donne une prime à la prévoyance et à l'épargne; il fait une situation meilleure à l'épargnant qui a eu des charges de famille; il assure un effet utile à la charité privée.

Le système admis d'abord par la commission laissait à l'arbitraire de la commune le soin de fixer la quotité de l'allocation mensuelle : l'intervention du conseil général donne à l'organisation du nouveau service le caractère départemental. Le conseil général est d'ailleurs appelé (art. 6) à délibérer sur l'organisation du service dans les conditions prévues à l'article 48 de la loi du 10 août 1871.

---

1. Cet article 16 était ainsi rédigé, d'après une citation faite par M. Henri Monod dans son discours au congrès international de 1900 :

« L'assistance à domicile consiste dans le payement d'une allocation mensuelle qui est délivrée aux assistés par la commission communale d'assistance.

« La quotité de l'allocation est mensuelle, établie suivant un tarif délibéré par le conseil général; elle varie, eu égard aux besoins présumés des assistés. Elle ne peut être inférieure à 8 fr., ni, à moins de circonstances exceptionnelles, supérieure à 20 fr.

« Si elle est supérieure à 20 fr., la délibération du conseil général est soumise à l'approbation du ministre de l'intérieur. Au cas où l'assisté dispose déjà de certaines ressources, la quotité de l'allocation est diminuée du montant de ces ressources ; toutefois, celles provenant d'une pension de retraite que s'est acquise l'assisté n'entrent en décompte que jusqu'à concurrence de moitié. »

La proposition votée par la Chambre ajoute l'idée d'épargne et tient compte du coefficient d'effort personnel.

L'article 20, dans son avant-dernier paragraphe, contient un encouragement à la prévoyance et à l'épargne qui se sont manifestées dans des conditions particulièrement difficiles et méritoires, lorsque l'épargnant a supporté des charges de famille. Cet épargnant est digne de plus d'intérêt que celui qui a pu économiser sur son superflu. Une loi de solidarité sociale ne saurait les traiter également, et il convient de tenir compte de ce que M. Mirman appelle le coefficient de l'effort personnel [1].

On trouve en même temps, dans cet article 20, un encouragement à la natalité : dans ce dernier ordre d'idées, le 2ᵉ paragraphe de l'article 1ᵉʳ dispose que « tout enfant, légitime ou non, ayant vécu plus de trois ans, donne droit à une réduction de six mois sur l'âge normal de la pension de vieillesse, au bénéfice de la mère justifiant qu'elle a supporté, dans la mesure de ses ressources, les charges de l'entretien dudit enfant jusqu'à l'âge où celui-ci a pu subvenir lui-même à ses besoins ».

Enfin, parmi les dispositions nouvelles comprises dans la proposition de loi, il convient de noter l'article 38, aux termes duquel le mendiant ou le vagabond inculpé aux termes des articles 269, 270, 271 et 274 du Code pénal, qui invoquera son droit à l'assistance et qui réunira d'ailleurs les conditions de l'article 1ᵉʳ, pourra être renvoyé des fins de la poursuite.

Il est d'ailleurs à prévoir que l'organisation de l'assistance obligatoire aux vieillards et aux incurables aura précisément pour résultat de remédier à ce mal social du vagabondage et de la mendicité.

V

L'affirmation du droit individuel à l'assistance et l'organisation de l'assistance comme service exclusivement public, encore qu'elles fussent contenues en germe dans la loi du 15 juillet 1893, ont soulevé des objections, motivé des surprises et provoqué des critiques, qui se sont produites à la Chambre des députés, moins peut-être au point de vue des principes mêmes proclamés par la proposition de loi qu'à l'occasion des conséquences logiques de ces principes.

---

1. *Revue politique et parlementaire*, tome XXXVII, nᵒ 109, p. 63 : *Une loi de solidarité sociale*, par M. L. Mirman.

Ce sont là des innovations ou plutôt des réformes qui ont été préparées depuis longtemps et qui semblent toutes naturelles quand on se reporte à l'histoire de l'assistance aux vieillards et aux incurables depuis quinze ans. Nous avons vu que l'évolution, déterminée par le progrès des idées démocratiques, accélérée par le développement des principes de solidarité sociale[1], se peut exprimer comme suit :

D'abord, assistance facultative, limitée aux secours à domicile ;

Puis, assistance obligatoire, limitée au devoir social, sans reconnaissance du droit corrélatif de l'individu aux secours ;

Enfin, assistance obligatoire, donnée soit à l'hospice, soit à domicile, avec organisation d'un service public et reconnaissance du droit de l'individu, non pas même au secours, à l'assistance (dans le sens ancien du mot), mais à l'allocation mensuelle, à la pension en argent, ou au traitement hospitalier, suivant la forme admise pour permettre à la société d'acquitter sa dette.

A ne considérer même que le terme final de l'évolution, on doit reconnaître que, dégagée de tous les précédents qui l'ont préparée et causée, la réforme votée par la Chambre trouverait en soi sa raison.

Les vieillards, les infirmes, les incurables privés de ressources sont dans l'impossibilité physique de pourvoir aux nécessités de la vie. Il est du devoir de la société d'y pourvoir ; il est du droit de l'intéressé de réclamer au besoin l'acquittement de cette dette sociale. Et seule l'assistance publique, seul un service public, peut et doit y pourvoir.

Dans la remarquable préface qu'il a écrite pour le *Traité théorique et pratique d'assistance publique*, de MM. Derouin, Gory et Worms, publié en 1900, M. Berthélemy, professeur de droit administratif à la faculté de droit de Paris, exposait la même idée dans les termes suivants :

« Instituer l'assistance administrative, c'est, en fait, proclamer le

---

[1]. Il serait trop long d'exposer ici, même en les résumant, la doctrine de la solidarité sociale et la théorie du solidarisme. Il suffit de citer, comme sources, les ouvrages suivants : *La Solidarité*, par M. Léon Bourgeois ; *Essai d'une philosophie de la Solidarité*, par M. Alfred Croiset ; l'article *Solidarité* dans la *Grande Encyclopédie* ; trois articles publiés dans la *Revue politique et parlementaire* : *La Solidarité et la Charité*, par M. Ch. Brunot ; *le Solidarisme*, par M. Bouglé ; *Solidarité sociale et Solidarisme*, par M. d'Eichtal ; des communications faites en juin 1903 à l'Académie des sciences morales et politiques sur la *Solidarité*.

droit à l'assistance. Tout service établi aux frais de tous doit être à la disposition de tous. Quiconque est indigent a le droit d'exiger l'aide réglementaire, et si l'administration peut se réserver la vérification matérielle du besoin qu'on invoque, elle ne saurait, une fois le besoin constaté, garder un pouvoir discrétionnaire sur les satisfactions qu'il réclame... L'État n'a pas à être vertueux, ni pitoyable, ni compatissant, ni miséricordieux. L'intérêt général doit être son seul guide; tout acte qui est utile à la collectivité rentre dans ses attributions. Est-il avantageux pour la collectivité que l'assistance soit organisée administrativement? C'est la véritable question, et la solution qu'elle comporte ne saurait faire doute : l'assistance publique est une nécessité sociale... Il faut ici l'autorité, la persévérance, la continuité d'efforts qui n'appartiennent qu'à l'administration... L'institution de l'assistance administrative a pour conséquence le *droit à l'assistance,* et j'avoue n'en être nullement effrayé... La proclamation du droit à l'assistance n'est pas un danger, dès que la loi qui l'institue en limite les conditions et en détermine la mesure. »

Et M. Berthélemy pose en principe « qu'il est conforme à l'intérêt général que le droit d'être secouru soit conféré à quiconque est matériellement et pour des causes purement physiques hors d'état de gagner sa vie ».

C'est en somme le principe adopté par le congrès international de 1889, par le conseil supérieur de l'assistance publique [1], par le gouvernement — avec cette addition consacrée par la Chambre pour l'assistance aux vieillards, aux infirmes et aux incurables qu'au devoir social correspond un droit individuel.

L'auteur que nous venons de citer ajoute à l'appui de sa thèse cette dernière considération : « Il est équitable que tous participent aux dépenses qu'entraîne l'assistance nécessaire, puisque tous sont appelés à en profiter. » La dépense des services d'assistance est une prime d'assurance sociale.

---

1. Dans la séance du 19 mars 1898, le conseil supérieur de l'assistance publique a voté à l'unanimité la déclaration suivante :

« Le conseil supérieur, qui va compter aujourd'hui dix années d'existence, renouvelle son adhésion aux règles générales qu'il a formulées dès ses premières réunions, et qui ont depuis guidé tous ses travaux. Ces règles sont les suivantes :

« L'assistance publique est due à ceux qui se trouvent, temporairement ou définitivement, dans l'impossibilité *physique* de pourvoir aux nécessités de la vie... »

Dans le même sens, le commissaire du gouvernement disait à la tribune de la Chambre (séance du 4 juin 1903) : « Un service public ne vit pas d'aumônes. » Il doit être alimenté par les ressources de l'impôt payé par tous les citoyens.

C'est dans cet ordre d'idées qu'il convient d'examiner les conséquences financières de l'assistance aux vieillards, aux infirmes et aux incurables.

VI

Au point de vue de ses conséquences financières, le fonctionnement d'un service d'assistance aux vieillards, aux infirmes et aux incurables doit être envisagé sous un double aspect.

Une première question se pose : quelle sera la dépense totale qui résultera du fonctionnement du nouveau service, et quelle sera la portion de cette dépense qui créera pour les contribuables des charges nouvelles ? En d'autres termes, comment s'établira le budget, en dépenses d'abord, et ensuite en recettes ?

Ce problème résolu, et c'est un problème ardu, une équation à plusieurs inconnues, il reste à déterminer comment l'ensemble de la dépense, en tant que cette dépense sera couverte par des ressources provenant de l'impôt, se répartira entre les communes, les départements et l'État.

Pour évaluer le montant de la dépense, il faut dégager deux éléments : 1° le nombre des personnes qui seront appelées à bénéficier de l'assistance ; 2° le chiffre de la dépense qui sera occasionnée par un assisté. Le produit du premier nombre par le second donnera le coût du nouveau service.

Mais ces deux termes, comment les obtenir ?

Ce n'est pas chose aisée ; et, en présence d'évaluations très divergentes, c'est peut-être une entreprise téméraire que de chercher à obtenir un résultat, nous ne dirons pas absolument exact, mais même d'une approximation se rapprochant sensiblement de la réalité. Au cours de la discussion de la proposition de loi à la Chambre, on a relevé les contradictions que laissaient apparaître les divers calculs produits, l'incertitude qui en résultait, la difficulté, la quasi-impossibilité d'établir le budget du futur service d'après des données certaines, d'après des chiffres précis.

« Les hypothèses que l'on peut faire à ce sujet sont un pur jeu de l'esprit, devait remarquer à son tour M. Mirman dans son article de la *Revue politique et parlementaire* (p. 71). Ceux qui s'y sont hasardés ont indiqué que, de 1895 à 1899, la proportion des individus inscrits sur les listes de l'assistance médicale a été de 5,42 p. 100 par rapport à la population totale, et ils ont arbitrairement majoré cette proportion, les uns jusqu'à 5,8, les autres jusqu'à 6, d'autres encore jusqu'à 10, pour obtenir la quotité du nombre des vieillards susceptibles de recevoir les pensions prévues par la loi. C'est là une base infiniment trop fragile ; à entreprendre des calculs avec de telles données, on s'expose à cette mésaventure dont étaient jadis coutumiers certains demi-savants : ils prétendaient déduire de leurs expériences la valeur d'une constante physique, indice de réfraction ou densité, avec huit ou dix décimales ; ils n'hésitaient que sur la dernière décimale, mais le premier chiffre après la virgule était inexact. »

Certes, il serait puéril de dissimuler que des hypothèses seules peuvent être ici proposées ; il ne faut attendre que de l'expérience, de l'application d'une réforme, jugée par tous utile et nécessaire, des chiffres définitifs, lesquels d'ailleurs ne sauraient être connus qu'après une période d'essai et de pratique plus ou moins longue [1]. Du moins, n'est-il pas sans utilité, bien que le sujet soit très aride, d'exposer dès à présent les évaluations qui ont été indiquées et les procédés divers auxquels on a recouru pour arbitrer le montant probable de la dépense.

Reprenant les deux éléments, les deux groupes d'inconnues du problème, voyons d'abord quel sera le nombre probable des bénéficiaires de l'assistance aux vieillards, aux infirmes et aux incurables.

____

1. Les chiffres qui seront rappelés au cours de cette étude se réfèrent à l'application intégrale de l'assistance aux vieillards, aux infirmes et aux incurables. Il n'est pas superflu de noter que ces chiffres, quels qu'ils soient du reste, sont nécessairement majorés en ce qui concerne les premières années du fonctionnement du service. Pour toutes les mesures d'assistance obligatoire (et l'exécution de la loi du 15 juillet 1893 sur l'assistance médicale gratuite en fournit un exemple), il convient d'attendre plusieurs années avant que les dispositions nouvelles, consacrées par la loi, aient pénétré dans les mœurs et puissent produire leur plein effet.

Dans l'exposé des motifs de leur proposition de loi du 12 juin 1902, MM. Émile Rey et Lachièze évaluaient ce nombre à 156 000 en chiffre rond, et voici comment ils l'obtenaient.

M. Émile Rey et Lachièze font remarquer que d'après le dernier recensement, on compte 2 156 157 personnes ayant soixante-dix ans et au-dessus. Ils supposent que la proportion des indigents dans cette population est la même que pour l'assistance médicale, c'est-à-dire 60 par 1 000 habitants[1]. Ils trouvent ainsi le chiffre de 129 369. Ils retranchent de ce chiffre environ 1/10e pour faire la part des septuagénaires encore valides, ce qui réduit à 116 143 le nombre des vieillards à assister. Mais, par contre, à ce nombre il faut ajouter celui formé par les individus atteints d'infirmités ou de maladies incurables avant soixante-dix ans. « En l'absence de toute statistique pouvant nous fixer exactement, concluent MM. Rey et Lachièze, nous supposerons qu'il est d'un tiers du nombre précédent, ce qui porterait à 155 243 le nombre d'individus à assister ; mais, pour faire la part des éventualités, nous admettrons le chiffre rond de 156 000. »

Afin de justifier ce chiffre qui pourrait paraître un peu faible, les auteurs de la proposition font observer qu'il correspond à une proportion d'un peu plus de quatre assistés par 1 000 habitants[2], tandis que le gouvernement, dans l'article 43 de la loi de finances de 1897, ne la portait qu'à 2 par 1 000 et que le conseil général de la Gironde, dans sa réponse à la circulaire du 1er août 1888 sur l'assistance des vieillards et des infirmes, ne l'évaluait qu'à 3 par 1 000 habitants.

A côté de l'évaluation de MM. Émile Rey et Lachièze, il convient de citer, comme s'en rapprochant beaucoup, les chiffres indiqués par MM. Bienvenu-Martin, Audiffred et plusieurs de leurs collègues dans leur proposition de loi du 23 juin 1902 ; le passage de l'exposé

---

1. Cette proportion de 6 p. 100 est légèrement majorée, en ce qui concerne les assistés de la loi de 1893 ; en réalité, pour la période 1895-1899, la proportion moyenne des bénéficiaires de l'assistance médicale a été seulement de 5,5 p. 100, savoir : 6,3 en 1895 ; 5,6 en 1896 ; 5,4 en 1897 ; 5,1 en 1898 et en 1899. (Rapport sur l'exécution de la loi du 15 juillet 1893, *Actes du Conseil supérieur de l'assistance publique, fasc.* 92, p. 60).

2. Dans son rapport de 1895, M. Fleury-Ravarin estimait à 4 p. 1 000 de la population totale le nombre des individus à secourir, soit à 144 000 pour une population de 36 millions d'habitants, à 152 000 pour une population de 38 millions.

des motifs de cette proposition, relatif à la question du nombre des bénéficiaires, est assez bref pour qu'on puisse le citer intégralement. Le voici :

« Il y a en France, d'après le recensement de 1896, 1 million 884 269 individus âgés de soixante-dix ans. Sur ce nombre combien sont indigents ? Nous croyons que la proportion n'excède guère 6 p. 100. C'est la moyenne même que l'on constate pour l'assistance médicale dans le plus grand nombre des départements, soit 113 000

« Le nombre des infirmes et des incurables indigents peut être évalué à 1,5 par 1 000 de la population totale, soit sur une population d'environ 36 600 000 habitants, défalcation faite des 1 900 000 vieillards de soixante-dix ans déjà comptés [1] 54 900

$$\overline{167\,900}$$

« En chiffres ronds, 168 000. »

Antérieurement à ces calculs, l'Office du travail, pour répondre à un désir de la commission d'assurance et de prévoyance sociales, de la VII⁰ législature, s'était occupé de la question et avait consigné les résultats de son examen dans une note, reproduite par le rapport de M. Bienvenu-Martin, du 19 février 1900 (*Impr. de la Chambre, VII⁰ législature, n° 1434*), par l'exposé des motifs du 23 juin 1902 que nous venons de citer, et enfin par le rapport de M. Bienvenu-Martin du 4 avril 1903.

D'après cette note, 599 000 personnes devaient bénéficier de l'assistance aux vieillards, aux infirmes et aux incurables, savoir : 213 500 vieillards, 160 000 infirmes et 226 000 incurables.

Pour obtenir ces chiffres, l'Office du travail, d'après le dernier rapport de M. Bienvenu-Martin, avait procédé ainsi :

Le nombre des vieillards a été établi en prenant comme base le chiffre de ceux qui figurent actuellement sur les listes d'assistance médicale. En 1897, les listes d'assistance dressées dans 80 départements, formant 84,5 p. 100

---

1. « Le gouvernement, dans l'exposé des motifs de la loi de finances de 1897, évaluait à 4 p. 100 seulement de l'ensemble des vieillards ceux qui pouvaient être considérés comme indigents et à 1,2 p. 1 000 de la population totale les infirmes et les incurables indigents. » (Note de l'exposé des motifs de la proposition de loi Bienvenu-Martin.)

de la population totale, englobaient 1 847 500 personnes, soit, en y ajoutant celles qui ont été admises d'urgence aux secours, 1 890 800. Si l'on suppose que dans les autres départements où il n'existe pas de listes d'assistance, la population des indigents est la même que dans l'ensemble des autres, on obtient pour la France entière un chiffre de 2 287 000 personnes en état d'être portées sur les listes d'assistance médicale. Appliquant à ce nombre le coefficient de proportion donné par la répartition des inscrits suivant leur âge, on trouve que 213 500 ont dépassé soixante-dix ans.

Le nombre des infirmes a été déterminé en prenant comme base le chiffre des infirmes secourus par les bureaux de bienfaisance en 1897 ; les statistiques indiquent 141 760 secourus de cette catégorie, non compris Paris, Seine-et-Oise et les Hautes-Alpes ; en ajoutant à ce chiffre le nombre probable des infirmes indigents existant à Paris, en Seine-et-Oise et dans les Hautes-Alpes, suivant la proportion constatée dans les autres régions, on obtient pour la France entière un total d'environ 160 000 personnes.

Quant aux incurables sur lesquels les statistiques sont muettes, leur nombre a été évalué, d'après les comptes de l'assistance publique de Paris : en 1897, le nombre des indigents secourus, par suite de l'âge, s'est élevé à 32 004; celui des indigents, secourus par suite d'infirmités, à 18 625.

Sur les 32 004 indigents âgés, 18 534 avaient plus de soixante-dix ans; restent 13 470 âgés de moins de soixante-dix ans. Combien d'entre eux sont incurables ? A défaut d'indications précises, on peut admettre qu'ils forment la moitié, soit 6 735. En ajoutant à ceux-ci les 18 625 individus atteints d'infirmités, on obtient un total de 25 360, soit 1 p. 100 de la population parisienne. La même proportion, appliquée à la population totale, donnerait un nombre d'incurables de 386 000. Si de ce nombre on retranche 160 000 infirmes, suivant l'évaluation ci-dessus, il reste 226 000 incurables.

Sur la demande de la commission d'assurance et de prévoyance sociales, de la VIIIe législature, le ministère de l'intérieur a, de son côté, dans une note annexée au rapport de M. Bienvenu-Martin du 4 avril 1903, examiné la question de savoir à combien de personnes devra s'appliquer la loi sur l'assistance aux vieillards, aux infirmes et aux incurables.

Cette note constate d'abord que les vieillards âgés de plus de soixante-dix ans représentent : à Paris 2,47 p. 100 de la population, et 5,9 p. 100 pour la France moins Paris ; elle fait remarquer ensuite qu'il y a une proportion de vieillards plus grande dans les départements dépourvus de grandes villes que dans ceux où se trouvent de fortes agglomérations[1]. La proportion des vieillards à la

---

1. Il en est ainsi en Angleterre, rapport du *Local Government Board*, analysé dans la chronique d'Angleterre, *Revue générale d'administration*, 1903, III, 470.

population, faible à Paris, irait ainsi en croissant dans les groupes
de communes d'un moins grand nombre d'habitants. D'où le tableau
suivant :

COMMUNES.	POPULATION.	VIEILLARDS.	TAUX.
			p. 100
Paris	2 714 068	67 000	2,47
Villes de plus de 100 000 habitants.	2 636 032	79 080	3
Villes de 30 000 à 100 000 —	2 718 901	109 191	3,5
Villes de 10 000 à 30 000 —	3 297 416	131 896	4
Villes de 5 000 à 10 000 —	2 405 023	108 226	4,5
Communes de 2 000 à 5 000 —	6 129 784	306 489	5
Communes au-dessous de 2 000 habitants. .	19 060 721	1 110 271	6
Totaux.	38 961 945	1 912 153	

Si tels sont les chiffres représentant le nombre de vieillards dans
les divers groupes de la population, quelle est la proportion des
indigents au nombre total de ces vieillards?

A Paris, d'après les indications fournies par l'administration de
l'assistance publique, il y aurait 20 729 vieillards en état d'être
secourus : 12 329 recevant le secours représentatif d'hospice, ou
étant hospitalisés ; 7 400 étant candidats et remplissant les conditions
voulues pour obtenir ce secours ou leur admission à l'hospice. Pour la
population des vieillards parisiens, 30 p. 100 seraient donc indigents.
« Cette proportion est considérable, fait observer la note. Les grandes villes, et Paris bien loin avant les autres, attirent les indigents
par l'organisation des services d'assistance plus complets que dans
les petites villes et les campagnes. D'autre part, dans les grandes
villes, la vie est plus chère que dans les petites, ce qui en éloigne
les vieillards, qui, sans être indigents, ont des moyens d'existence
médiocres. Si donc la proportion des vieillards à la population,
faible à Paris, croît des grandes villes aux petites, la proportion des
vieillards indigents aux vieillards en général décroît des grandes
villes aux petites. »

Mais quelle est, pour la France entière, la proportion des vieillards privés de ressources à l'ensemble des vieillards ? La note du

ministère de l'intérieur la considère, ainsi que MM. Émile Rey et Lachièze et M. Bienvenu-Martin, comme devant être un peu supérieure à celle des bénéficiaires de l'assistance médicale et la fixe à 5,8 p. 100, ce qui donnerait pour les diverses agglomérations envisagées, sauf Paris, les chiffres suivants :

COMMUNES.	VIEILLARDS.	VIEILLARDS indigents.	TAUX.
			p. 100
De plus de 100 000 habitants	79 080	11 862	15
De 30 000 à 100 000 —	109 191	13 102	12
De 10 000 à 30 000 —	131 196	13 189	10
De 5 000 à 10 000 —	108 226	7 575	7
De 2 000 à 5 000 —	306 489	15 324	5
Au-dessous de 2 000 —	1 110 271	45 000	4

A ces nombres il faut ajouter celui des incurables et infirmes.

Pour Paris, ces derniers représentent environ le quart des 20 729 individus auxquels la loi doit s'appliquer ; c'est dire qu'il y a 15 629 vieillards à secourir et 5 100 incurables et infirmes. En étendant cette proportion à la France moins Paris, la note du ministère de l'intérieur ajoute 26 500 infirmes et incurables aux 106 652 vieillards.

Au total, il y aurait à assister, d'après cette note :

	Vieillards.	Infirmes et incurables.
A Paris.	15 629	5 100
Dans la France moins Paris . .	106 052	26 500
	121 681	31 600
Ensemble	153 281	

Dans l'*Économiste français* du 13 juin 1903, M. Paul Leroy-Beaulieu a lui aussi cherché la solution de ce problème difficile, qui consiste à évaluer le nombre, au moins probable, des vieillards, infirmes et incurables à assister en France.

Négligeant les statistiques françaises, M. P. Leroy-Beaulieu fait état des statistiques allemandes qui lui paraissent plus sûres et, par une assimilation ingénieuse [1], il estime que si, au 1ᵉʳ décembre 1890, l'Allemagne comptait 1 376 273 vieillards, la France doit en comprendre actuellement 1 700 000 ou 1 800 000.

Poursuivant ses comparaisons avec l'Allemagne, M. P. Leroy-Beaulieu recherche quel est le chiffre des rentes de vieillesse et d'invalidité servies actuellement par les caisses de l'Empire allemand ; le voici à la date la plus récente : du 1ᵉʳ janvier 1891 à la fin de l'année 1901, il a été constitué par l'office impérial des assurances 734 251 rentes d'invalidité (*Invalidenrente*) ; 14 309 de maladies (*Krankenrente*) et 389 971 rentes de vieillesse (*Altersrente*), soit un total de 1 138 531 rentes ; et, sur ce total de rentes constituées, il y en avait en cours, au 1ᵉʳ janvier 1902, un nombre de 675 095 se répartissant ainsi : 486 945 rentes d'invalidité, 8 700 rentes de maladie et 179 450 rentes de vieillesse. « Le nombre des septuagénaires étant en France beaucoup plus considérable qu'en Allemagne, ce dernier chiffre, ajoute M. P. Leroy-Beaulieu, devra être chez nous sensiblement plus élevé, probablement moitié plus élevé, et ne saurait rester au-dessous de 260 000 ou 270 000... En Allemagne, le chiffre des rentes d'invalidité est de 486 945 contre 179 450 rentes de vieillesse, soit presque triple de ce dernier chiffre. Entre l'invalidité allemande, au sens légal, et l'infirmité française, y a-t-il une très grande différence ? Nous ne le croyons pas. On doit donc admettre que le nombre des rentes pour l'infirmité et pour les maladies incurables serait double des rentes pour la vieillesse, de sorte que, si celles-ci doivent être pour l'assistance obligatoire en

1. « D'après le dernier recensement allemand dont les détails nous soient connus, il y avait au 1ᵉʳ décembre 1890, dans l'Empire germanique, 1 376 273 septuagénaires, dont 619 192 hommes et 757 081 femmes. L'Empire allemand a, il est vrai, une population actuellement très supérieure à la France ; mais en 1860 la population de l'Allemagne actuelle et la nôtre étaient sensiblement égales ; en 1830 la population allemande, celle du territoire actuel de l'Allemagne, était même sensiblement plus faible que celle de la France ; la première atteignait en effet 40 805 000 âmes en 1870 ; elle n'était que de 35 312 000 en 1850 et seulement de 32 787 000 en 1840, de 29 520 000 en 1830 et de 26 300 000 en 1820 ; la France, au contraire, comptait 30 millions d'habitants en 1820, plus de 32 millions en 1830 et plus de 34 millions en 1840 ; or, c'est à ces dates qu'il faut recourir en ce qui concerne les septuagénaires existant actuellement. La France ayant eu, il y a soixante-dix et quatre-vingts ans, une population sensiblement plus importante que celle de l'Allemagne, il est naturel que nous comptions à l'heure présente beaucoup plus de septuagénaires que nos voisins. Ceux-ci en ayant 1 376 000 en 1890, chiffre qui a dû s'accroître depuis, il est vraisemblable que le chiffre de 1 912 000 donné par une note du ministère de l'intérieur, pour le nombre des septuagénaires français, n'est pas fort exagéré. A tout le moins, il doit bien y en avoir 1 700 000 à 1 800 000. »

France au nombre de 260 000 au minimum, les rentes pour l'infirmité et pour les maladies incurables devraient atteindre le chiffre de 520 000, ce qui ferait, avec celles de la vieillesse, un total de 780 000. »

VII

Les divers modes d'évaluation que nous venons de résumer procèdent par induction, par voie indirecte et, partant de données certaines, aboutissent à des résultats qui peuvent prêter au doute et à la controverse.

Désirant avoir des indications moins hypothétiques sur les conséquences financières de l'assistance obligatoire aux vieillards, aux infirmes et aux incurables, la commission sénatoriale, chargée de l'examen de la proposition de loi votée par la Chambre, a demandé au ministère de l'intérieur de procéder à une enquête directe devant faire connaître notamment le nombre des bénéficiaires éventuels du service. Cette enquête a été prescrite par une circulaire ministérielle du 15 juillet 1903. En attendant que les résultats en fussent publiés (ils sont d'ailleurs résumés plus loin, p. 48), nous avions proposé (décembre 1903) une solution directe du problème en utilisant les renseignements procurés par la *Statistique des Institutions d'assistance, 1901* [1].

En 1901, les bureaux de bienfaisance (tableau XIX, p. 19) ont secouru au total 1 385 269 individus, dont 50 147 étrangers, soit 3,62 p. 100. Sur ce nombre, on comptait : 976 672 valides au-dessous de soixante ans ; 117 113 infirmes au-dessous de soixante ans, et 291 484 vieillards de soixante ans et au-dessus. De ces deux dernières catégories d'assistés, les seules dont nous ayons à nous préoccuper, il faut déduire les étrangers non compris parmi les bénéficiaires du futur service ; on obtient ainsi : 112 875 infirmes au-dessous de soixante ans et 280 932 vieillards de soixante ans et au-dessus [2]. Ces chiffres ne sont pas encore définitifs : le premier doit être ma-

---

1. Publication du Ministère du commerce, Direction du travail, Statistique générale de la France. — Paris, Imprimerie nationale, 1901.

2. Le retranchement des étrangers donnerait, pour les valides au-dessous de soixante ans, 941 317 assistés.

joré du nombre d'infirmes ayant plus de soixante et moins de soixante-dix ans[1]; et, par contre, le second doit être diminué du nombre des vieillards ayant plus de soixante et moins de soixante-dix ans — c'est 7,92 p. 100 dans le premier cas et 60 p. 100 dans le second. On a dès lors les chiffres nets de 121 814 infirmes et de 112 373 vieillards secourus par les bureaux de bienfaisance, et pouvant être considérés comme appelés à profiter de l'assistance aux vieillards, aux infirmes et aux incurables.

Toutefois il faut observer que les chiffres indiqués par la *Statistique des institutions de bienfaisance*, 1901, se réfèrent à tous les départements, y compris la Seine, mais laissent en dehors Paris. Pour cette ville, les indigents de soixante-dix ans et au-dessus devant être assistés par les bureaux de bienfaisance ou devant recevoir les secours représentatifs d'hospice[2], étaient évalués pour 1903 à 18 800, ou plutôt à 18 500, déduction faite des étrangers qui sont à Paris dans une proportion de 1,727 % de la clientèle des bureaux de bienfaisance (973 pour 55 750 assistés). On n'a pas de données sur le nombre des infirmes et des incurables secourus par les bureaux de bienfaisance de Paris. On peut arbitrer ce nombre à environ 11 500, en considérant comme un maximum la proportion accusée par les bureaux de bienfaisance des départements, puisque les hospices, à Paris plus encore qu'en province, doivent pour cette catégorie d'assistés alléger la charge des bureaux de bienfaisance. Ce serait donc un nouveau contingent de 30 000 individus à ajouter aux 234 187 déjà mentionnés, pour les vieillards ou infirmes secourus par les bureaux de bienfaisance, soit un total de 264 187 dont 130 873 vieillards et 133 314 infirmes et incurables.

Le tableau XX (p. 20 et 21) a trait aux établissements d'assistance ou de bienfaisance publics, reconnus d'utilité publique, ou autorisés,

---

1. Les résultats statistiques du dénombrement de 1901 n'ont pas encore été publiés; mais, pour la répartition de la population par âge, il semble bien que l'on puisse faire état des résultats statistiques du dénombrement de 1896. D'après le tableau VIII, p. 363, la proportion des personnes ayant plus de soixante ans et moins de soixante-dix ans représente 7,92 p. 100 de l'ensemble de la population : et, d'autre part, les vieillards qui ont plus de soixante ans et moins de soixante-dix ans forment 60 p. 100 des vieillards ayant plus de soixante ans.

2. *Renseignements statistiques* recueillis au cours de l'année 1902 sur la population indigente de Paris à secourir en 1903, publication de l'administration générale de l'assistance publique à Paris, 1903, p. 28.

autres que les hôpitaux, hospices et asiles d'aliénés (dépôts de mendicité, asiles de vieillards et d'incurables, établissements pour l'assistance des enfants, divers). Le nombre des assistés ou reclus ayant été présents, en 1901, dans ces établissements a été, au total, de 275 821, savoir : 74 940 enfants, 157 444 adultes et 43 477 vieillards. Il est probable que, comme pour les personnes secourues par les bureaux de bienfaisance, la *Statistique des Institutions d'assistance* range sous cette dernière rubrique : *Vieillards,* les vieillards âgés seulement de soixante ans ; par suite, ce serait seulement un nombre de 17 391 (43 477 moins 60 p. 100) qu'il conviendrait de retenir, soit, déduction faite des étrangers : 16 662.

Voilà pour les vieillards, mais il y a aussi des infirmes. Des enfants et des adultes, retranchons d'abord les étrangers, nous obtenons 223 972 (232 384 moins 3,62 p. 100). Nous venons de voir que, étrangers défalqués, les individus au-dessous de soixante ans secourus par les bureaux de bienfaisance étaient au nombre de 1 054 192, dont 112 875 infirmes, soit 10,70 p. 100. Appliquons cette proportion de 10,70 p. 100 aux 223 972 enfants et adultes français : nous avons un chiffre probable de 24 928 infirmes et, avec 7,92 p. 100 de majoration pour les personnes ayant plus de soixante et moins de soixante-dix ans, soit 1 974 unités, nous arrivons à un total de 26 902 infirmes.

Le tableau XXVIII (p. 50 à 53) donne le mouvement des infirmes, vieillards et incurables dans les établissements hospitaliers pendant l'année 1901. Le nombre de ces hospitalisés était de 66 797 le 1er janvier 1901 : parmi eux figuraient des étrangers, au nombre de 317, soit 0,47 p. 100. Restaient 66 480 assistés français dans les hospices, soit comme vieillards, soit comme infirmes ou incurables. La statistique ne distingue pas entre ces diverses catégories d'hospitalisés. Les infirmes et les incurables en forment vraisemblablement la plus grosse part, car leur état réclame le plus souvent des soins particuliers que n'exigent pas toujours les vieillards. Mais si ces derniers ne représentent que la minorité des pensionnaires des hospices, on peut se demander si leur nombre, qui d'une manière absolue est encore considérable, ne comprend pas des vieillards de soixante à soixante-dix ans, c'est-à-dire des personnes ne devant pas bénéficier de la proposition de loi. La limite d'âge de soixante-

dix ans paraît être cependant la règle générale[1]. La déduction
éventuelle à opérer pour les vieillards de soixante à soixante-dix ans,
actuellement hospitalisés, se chiffre sans doute par un très petit
nombre d'assistés, d'ailleurs compensé presque entièrement par les
infirmes et incurables, hospitalisés entre soixante et soixante-dix ans.

En tenant compte de ces divers éléments d'appréciation, on peut,
semble-t-il, ramener à 65 000, dont 26 000 vieillards et 39 000 infirmes ou incurables, les pensionnaires des hospices, auxquels
s'appliquerait le futur service.

En résumé, d'après la *Statistique des Institutions d'assistance*, il
y aurait eu, en 1901, un total de 372 751 vieillards, infirmes et
incurables qui auraient été assistés, savoir :

	Vieillards.	Infirmes et incurables.
Par les bureaux de bienfaisance.	130 873	133 314
Par les hospices	26 000	39 000
Par les autres établissements d'assistance et par la bienfaisance privée	16 662	26 902
	173 535	199 216
Ensemble		372 751

On peut remarquer que ce sont là les assistés actuels et que les
futurs ayants droit seront plus nombreux. Mais il ne paraît pas que
la majoration doive être considérable. Il faut tenir compte des

---

1. Sous l'article 37 (admission des vieillards à l'hospice) du règlement modèle de
service intérieur des hôpitaux et hospices, une note rappelle que l'âge de soixante-
dix ans est celui fixé par l'article 43 de la loi de finances du 29 mars 1897. « Mais,
ajoute la circulaire ministérielle du 15 décembre 1899, il n'y a là rien de rigoureux ;
les commissions peuvent abaisser cette limite d'âge. Elles seront sans doute portées
à le faire dans les villes industrielles où les vieillards ont souvent besoin d'assistance avant d'être arrivés à soixante-dix ans. Mais il faut observer que, s'ils sont
incapables de tout travail avant soixante-dix ans, c'est généralement par suite de
quelque infirmité, et c'est alors l'article 38 qui est applicable. Dans les villes industrielles, a dit M. le Dr Olivier (de Lille) devant le Conseil supérieur, nous sommes
bien obligés d'admettre les vieillards avant soixante-dix ans ; nous les admettons à
partir de soixante ans s'ils ont une infirmité grave, et, sur l'observation qui lui était
faite qu'il semblait confondre le valide et l'incurable, il ajoutait : Nous avons trois
catégories : le vieillard valide de soixante-dix ans, le vieillard ayant des infirmités
à partir de soixante ans, l'incurable à partir de vingt ans. C'est ainsi, en effet, que
les choses se passent dans un grand nombre de villes. »

doubles emplois, certains assistés frappant à plusieurs portes et touchant des deux mains avec le régime de l'assistance facultative. De plus, si l'obligation de l'assistance aux vieillards, aux infirmes et aux incurables est indispensable pour assurer cette assistance, c'est moins parce que les personnes en état d'être secourues ne sont pas secourues, que parce qu'elles sont assistées d'une façon absolument insuffisante et incomplète : les bureaux de bienfaisance et les établissements ou œuvres d'assistance et de bienfaisance (autres que les hospices) étant le plus souvent forcés, vu la modicité de leurs ressources, de limiter les secours à un chiffre vraiment dérisoire, à 50 fr. par an, et même à une somme moindre. Et c'est là, il convient de le noter, la très grande majorité des assistés envisagés (307 751 sur 372 751).

D'autre part, la majoration porterait surtout, presque exclusivement, sur les vieillards, car les infirmes et incurables sont encore plus dignes d'intérêt, plus particulièrement pitoyables, et il n'est pas admissible que, dans un pays d'une civilisation avancée, des malheureux soient privés, nous ne dirons pas d'une assistance efficace (ce n'est hélas ! que trop vrai), mais de tout secours, si modique, si infime soit-il, fourni soit par l'assistance publique, soit par la bienfaisance privée.

D'après ces données, il semble qu'on ne s'écarte pas beaucoup de la réalité en évaluant le nombre des personnes à assister — le jour où l'assistance obligatoire recevra son entière exécution [1] — au chiffre global de 385 000 individus, dont 185 000 vieillards et 200 000 infirmes et incurables.

VIII

Le rapport, présenté le 23 février 1904 par M. Paul Strauss (*Impr. du Sénat,* n° 43), au nom de la commission sénatoriale chargée d'examiner la proposition de loi votée par la Chambre des députés,

---

[1]. L'exemple de l'assistance médicale obligatoire a déjà été indiqué : il convient de le rappeler en précisant. — La loi du 15 juillet 1893 a rendu obligatoire l'assistance médicale. Ont été assistés : en 1895 (première année d'application de la loi) 359 874 malades, dont 12 995 à l'hôpital et 346 879 à domicile ; 438 141 en 1896 (19 050 et 419 091) ; 470 224 en 1897 (19 153 et 451 071) ; 510 349 en 1898 (21 875 et 488 474) ; et 522 086 en 1899 (24 053 et 498 033). — V. Rapport sur l'exécution de la loi du 15 juillet 1893, *Actes du Conseil supérieur de l'assistance publique,* fasc. n° 92, p. 2, 90 et 112.

contient sur la fixation du nombre des futurs assistés des indications
fort intéressantes, et il convient tout d'abord d'en faire état, d'autant plus qu'elles paraissent dénoter une orientation nouvelle dans
la conception de l'assistance.

Mais, avant même d'exposer les conclusions du rapport de
M. Paul Strauss, il ne sera pas sans utilité de mentionner, comme
le comporte l'ordre chronologique, les renseignements complémentaires et rectificatifs fournis à la commission sénatoriale par le ministère de l'intérieur (direction de l'assistance et de l'hygiène publiques) et par le ministère du commerce et de l'industrie (direction
du travail) [1].

A la demande de la commission sénatoriale et selon le cadre tracé
par son rapporteur, M. Paul Strauss, le ministère de l'intérieur a fait
procéder, par les soins des administrations préfectorales (circulaire
du 15 juillet 1903 [2]), à une enquête générale qui devait procurer,
entre autres renseignements statistiques, le nombre des personnes
en situation d'être assistées, c'est-à-dire le nombre des individus
privés de ressources rentrant dans l'une des trois catégories ci-après :

1° Vieillards ayant soixante-cinq ans et moins de soixante-dix ans ;

2° Vieillards ayant au moins soixante-dix ans ;

3° Infirmes et incurables âgés de moins de soixante-cinq ans.

Les résultats statistiques ainsi obtenus modifiaient les indications
précédemment fournies par le ministère de l'intérieur à la commission d'assurance et de prévoyance sociales de la Chambre, indications qui étaient « en grande partie hypothétiques (3) ». Il ressort en
effet de l'enquête de 1903 que le nombre des vieillards des deux
sexes, privés de ressources, ayant au moins soixante-dix ans, est de
208 766 pour la France entière. Le nombre des infirmes et des incurables des deux sexes, privés de ressources, âgés de moins de
soixante-cinq ans, est de 102 541. Ce nombre, ajoute la note ministérielle, doit être majoré légèrement (d'une dizaine de mille) par

1. Annexes III et IX du rapport de M. Paul Strauss. — Rapport de M. Milliès-
Lacroix, p. 6 et 16.

2. *Revue des établissements de bienfaisance et d'assistance*, 1903, p. 339.

3. Note du ministère de l'intérieur du 11 janvier 1904, rapport de M. Strauss,
p. 109.

l'addition des infirmes et incurables âgés de soixante-cinq ans et de moins de soixante-dix ans, ceux-ci étant compris dans la statistique spéciale des vieillards de cette catégorie. lesquels sont au nombre de 125 579. Au total, on obtient 208 766 vieillards et environ 112 000 infirmes et incurables, soit en chiffres ronds 320 000 personnes appelées à bénéficier de l'assistance.

Ce sont là les chiffres consignés dans la note ministérielle remise à la commission spéciale du Sénat; mais, après nouvel examen et minutieuse vérification, M. Milliès-Lacroix, rapporteur de la commission sénatoriale des finances, a rectifié quelques erreurs qui s'étaient glissées dans la transcription des états de divers départements et a chiffré ainsi les résultats de l'enquête de 1903 :

Vieillards.	219 448
Infirmes et incurables	112 593
Ensemble	332 041

En dehors même de ces rectifications, il y avait déjà dans les indications fournies au Sénat par le ministère de l'intérieur une majoration notable sur les chiffres produits d'abord à la Chambre des députés par la même administration (31 602 infirmes et incurables; 121 679 vieillards; ensemble 153 281 personnes). — Inversement, une diminution sensible fut proposée par la note de la direction du travail à la commission sénatoriale, sur les chiffres fournis à la Chambre des députés par l'Office du travail (386 000 infirmes et incurables; 213 500 vieillards; ensemble 599 500 personnes).

D'après la note de la direction du travail, les vieillards de plus de soixante-dix ans, admissibles à l'assistance médicale, auraient été, en 1901, au nombre de 206 000, qui formeraient un premier groupe de bénéficiaires du futur service. Les infirmes de moins de soixante ans, secourus par les bureaux de bienfaisance, donnent un nouveau contingent de 117 000 pour les départements et de 18 000 pour Paris, ensemble 135 000. Enfin, « si l'on suppose que toutes les personnes de soixante à soixante-dix ans secourues par les bureaux de bienfaisance sont invalides, il faut ajouter : départements, 75 000 ; Paris, 40 000. » D'où un troisième élément de 115 000.

Au total, on aurait ainsi 456 000 personnes à secourir au titre de vieillards, infirmes ou incurables ([1]).

En résumé, les évaluations proposées pour le nombre des futurs bénéficiaires de la réforme tendent à se rapprocher beaucoup ; et, en dernière analyse, le nombre de 385 000 que nous avons admis n'accuse pas un écart trop considérable avec celui de 350 000 qu'une étude très attentive des résultats de l'enquête de 1903 a permis à M. Milliès-Lacroix d'adopter dans son rapport ([2]).

IX

M. Paul Strauss a reproduit, en annexes de son rapport à la commission sénatoriale, les notes du ministère de l'intérieur et du ministère du commerce, que nous venons de résumer ; mais il ne croit pas qu'il faille demander aux statistiques et aux enquêtes l'évaluation rigoureuse du nombre des vieillards, des infirmes et des incurables susceptibles de bénéficier de l'assistance obligatoire. Il part de cette idée que « suivant que l'on est plus ou moins enclin à répandre largement les secours publics, on assigne une limite plus ou moins élevée au minimum de subsistance qui devrait être assuré à tout être humain, et l'augmentation de ce minimum a pour effet de multiplier la clientèle de l'assistance publique... L'extension que prendra l'exécution du service dépendra non seulement de ce que le texte législatif sera plus ou moins large, plus ou moins libéral, mais encore de ce que le gouvernement et l'administration tiendront plus ou moins la main à ce que l'assistance soit donnée avec mesure. »

M. Paul Strauss est ainsi amené à limiter à moins de 200 000 le nombre des futurs assistés ; ce nombre est fixé *a priori*, et c'est après l'avoir indiqué en quelque sorte d'intuition que le rapporteur le déclare très acceptable, assez élevé pour donner satisfaction à

---

1. Ce total ne serait même qu'un minimum ; car, fait remarquer la note de la direction du travail, « il ne comprend pas les infirmes et invalides de moins de soixante-dix ans domiciliés dans les communes non dotées de bureaux de bienfaisance. Il ne comprend pas non plus les incurables de moins de soixante ans qui ne sont pas classés comme infirmes. Enfin, il ne comprend probablement pas les vieillards infirmes et incurables recueillis dans les hôpitaux et établissements divers d'assistance, car ces individus ne sont sans doute pas inscrits sur les listes de l'assistance médicale gratuite. » (Rapport de M. Strauss, p. 125.)

2. Voir ci-après, *Annexe*, p. 85.

tous les intéressés en situation d'être secourus, et qu'il présente à l'appui de brèves considérations.

Pour déterminer ce qu'il appelle le « coefficient d'indigence », M Paul Strauss se réfère aux proportions fournies par le fonctionnement du service d'assistance médicale. Reprenant — comme un maximum — la proportion de 6 p. 100 déjà adoptée par MM. Émile Rey et Lachièze, par MM. Bienvenu-Martin, Audiffred, Barthou..., dans leurs propositions de loi de 1902, il estime que, sur 1 900 000 Français âgés de soixante-dix ans, il y aura 114 000 individus à secourir au titre de vieillards.

« Quant aux incurables, ajoute-t-il (p. 29), nous pourrions n'en prévoir qu'une soixantaine de mille en appliquant à notre calcul la proportion fournie par la dernière enquête du ministre de l'intérieur. Mais en considérant comme exagérés les chiffres accusés par cette enquête, nous accordons que le chiffre des incurables n'a pas à être autant réduit que celui des vieillards, de sorte que nous croyons devoir porter ici le nombre des incurables à 76 000, ce qui donne au total 190 000 bénéficiaires de la future loi. »

De même, M. P. Strauss a fixé *a priori* à 40 millions la dépense totale que doit occasionner l'assistance aux vieillards, aux infirmes et aux incurables ; puis, il s'est attaché à démontrer que cette somme, élevée au cours du rapport à 43 millions, était suffisante pour couvrir les frais occasionnés par un nombre raisonnable d'assistés, soit 190 000. Dès lors, comme (d'accord avec les évaluations du ministère de l'intérieur) il compte 150 fr. pour un assisté à domicile et 550 fr. pour un assisté à l'hospice, il est amené à conclure, afin de ne pas s'écarter des deux chiffres admis — 190 000 assistés devant coûter 43 millions — que 40 000 des assistés devront être hospitalisés (40 000 × 550 fr. = 22 000 000 fr.) et 150 000 devront être pensionnés à domicile (150 000 × 150 fr. = 22 500 000 fr.). Avec 500 000 fr. de frais d'administration, on obtient de la sorte, en chiffre rond, une dépense d'ensemble 43 millions.

Ainsi déterminés *a priori*, et même avec la réserve de justifications ultérieures, les chiffres de 190 000 pour le nombre des assistés et de 40 ou de 43 millions pour le montant de la dépense ne sont pas des résultantes, mais des postulats.

Un pareil mode de calculer qui s'écarte des procédés généralement suivis pour l'étude des systèmes d'assistance obligatoire méritait

une mention spéciale, il devait être exposé à part, et dans son entier, puisqu'il rompt la marche normale des recherches que nous
poursuivons avec les auteurs des divers projets. Il cadrerait mieux,
semble-t-il, avec un régime d'assistance facultative, même élargie,
qui suppose (comme le prescrit l'article 61 de la loi du 30 mars
1902) un maximum du nombre des assistés ([1]) et une contribution de
l'État ne pouvant dépasser le chiffre fixé chaque année par la loi de
finances. Mais M. P. Strauss a nettement affirmé, dans son rapport,
la nécessité d'une « loi d'obligation » pour l'assistance aux vieillards,
aux infirmes et aux incurables, et son projet consacre en termes ex-
près l'assistance obligatoire.

En somme, pourrait-on dire, le projet élaboré par la commission
sénatoriale aboutit à une assistance obligatoire dans son principe,
mais limitée dans son application.

Cette assistance obligatoire n'a d'ailleurs plus le caractère que lui
avait reconnu la Chambre des députés ([2]).

Il n'est plus question d'un service de solidarité sociale « pouvant
englober, dit M. Strauss (p. 31 du rapport), d'autres ayants droit
que les indigents proprement dits ». Les ayants droit disparaissent
du texte de la commission sénatoriale ; ils sont remplacés par les
assistés ou les personnes en situation d'être assistées. L'obligation de
l'assistance est édictée dans des termes empruntés à la loi sur l'assistance médicale gratuite, avec cette différence toutefois que la loi
du 15 juillet 1893, ni dans son texte ni dans son esprit, ne comporte une limitation ni du nombre des assistés ni du montant de la
dépense ([3]).

---

1. « Le maximum des pensions à domicile instituées par les lois de finances des
29 mars 1897 et 30 mars 1902 est de 2 p. 1 000 habitants. Avec 190 000 assistés,
ce maximum sera plus que doublé, puisque notre chiffre représente 5 p. 1 000 de
la population. » (Rapport de M. Strauss, p. 29.)

2. Comme modification de détail, on peut noter que la proposition de la commission sénatoriale supprime les dispositions édictées par les articles 1 et 20 de la proposition votée à la Chambre et destinées à avantager les mères de famille, à encou-
rager l'épargne et la prévoyance des assistés ayant eu à supporter des charges de
famille. La commission n'a pas cru que ces encouragements, d'ailleurs si légitimes,
eussent leur place dans la loi actuelle... D'autres moyens, plus efficaces, de venir en
aide aux familles nombreuses et d'assurer l'assistance maternelle, doivent être employés pour lutter contre la dépopulation (rapport de M. Strauss, p. 48).

3. *Contra* M. P. Strauss, dans son rapport (p. 28) : « L'exemple de la loi sur
l'assistance médicale gratuite montre que le gouvernement, qui veut contenir l'exécution d'une loi dans les limites d'un crédit sagement mesuré d'avance, peut y arriver

Sous cette réserve, et la portée en est considérable, c'est bien la théorie de l'assistance obligatoire, en tant que devoir de la collectivité, mais non pas en tant que droit individuel, que consacre la proposition de la commission du Sénat. La société, disons mieux, la collectivité du domicile de secours a le devoir d'assister ceux de ses ressortissants qui sont dans l'impossibilité physique et permanente de subvenir aux besoins de l'existence, par suite de vieillesse, d'invalidité, d'infirmité. Mais l'accomplissement de ce devoir est limité par la collectivité d'ordre supérieur, par l'État. L'individu n'a du reste aucun droit à invoquer; bien plus, l'individu peut remplir toutes les conditions requises pour être assisté — il ne le sera pas s'il est le 190 001ᵉ. Des limites inflexibles sont tracées, des bornes rigides sont posées, et il faut que la réalité se couche bon gré mal gré sur ce nouveau lit de Procuste qu'on lui a forgé.

N'exagérons rien. Telle qu'elle est formulée, si restreinte soit-elle, la proposition de la commission sénatoriale permettrait de réaliser un progrès appréciable sur la situation actuelle. Doubler et au delà le maximum édicté par les lois de 1897 et de 1902, maximum qui n'a jamais été atteint (sauf dans la Seine), proclamer le devoir social d'assistance envers les vieillards, les infirmes et les incurables, ce serait assurément une réforme profonde dont il y aurait injustice à méconnaître l'importance. Cette réforme marquerait en quelque façon une étape intermédiaire entre l'assistance purement facultative et l'assistance obligatoire, telle que l'avait conçue la Chambre des députés (¹).

Il semble bien que si la commission sénatoriale s'est arrêtée à mi-chemin, ce fut surtout par souci de ménager les finances publiques,

---

par des moyens administratifs appropriés, à condition que le texte de la loi n'entraîne pas à dépasser le but ». — Voyez, pour la critique de cette opinion, le rapport de M. Milliès-Lacroix, *infrà*, p. 82.

1. La proposition votée par la Chambre et la proposition de la commission sénatoriale donnent la préférence à l'assistance à domicile. On consultera avec intérêt sur le meilleur mode d'assistance des vieillards une communication faite au congrès des sociétés savantes de 1904 (séance du 8 avril), par M. le Dᵣ Parizot, professeur à la faculté de médecine de Nancy. La conclusion de cette étude est que le meilleur mode d'assistance pour les vieillards consisterait en un système mixte, mi-partie hospitalisation, mi-partie assistance à domicile, ainsi compris : tout assisté à domicile recevrait, avec le premier secours mensuel, un bulletin d'admission à l'hospice le plus voisin, dont il ferait usage au cas de maladie ou d'infirmité grave, et serait hospitalisé, suivant l'état de sa santé, à titre temporaire ou définitif (*J. off.* du 9 avril 1904, p. 2243).

par crainte de surcharger outre mesure les contribuables. Cette préoccupation, certes bien légitime, est-elle vraiment fondée ? Il convient de le rechercher en dégageant le second élément de la dépense, le montant des frais afférents à chaque unité individuelle.

X

Les divergences d'évaluation et, par suite, les incertitudes que nous avons notées en ce qui concerne le nombre probable des vieillards, infirmes et incurables à assister, se retrouvent encore pour la détermination du second élément de la dépense : le coût éventuel de chaque assisté. Il y a plus. Cette dépense individuelle, en admettant qu'elle puisse être évaluée rigoureusement pour un ayant droit assisté à domicile, pour un ayant droit bénéficiant du placement familial, pour un ayant droit hospitalisé, variera nécessairement suivant la proportion admise pour les personnes comprises dans l'une ou l'autre catégorie d'après le mode particulier d'assistance. Ainsi, l'hospitalisation étant plus onéreuse que le placement familial et surtout plus coûteuse que la pension à domicile, la dépense sera plus forte, pour un même nombre d'assistés, si le pourcentage des hospitalisés est plus élevé. Ce pourcentage lui-même dépend de la proportion admise entre les vieillards d'une part, et, de l'autre, les infirmes et les incurables, ces derniers étant, plus généralement que les vieillards, les clients de l'hospice — et cette proportion est déjà très variable.

Le tableau suivant résume, d'après les évaluations fournies par les divers documents que nous avons analysés, les proportions proposées pour déterminer sur 100 futurs assistés, combien seront secourus : 1° à domicile ; 2° par le placement familial ; 3° à l'hospice.

TABLEAU.

| | SUR 100 PERSONNES, SERONT ASSISTÉES | | |
	à domicile	par le placement familial	à l'hospice
Rapport de M. Fleury-Ravarin (1895)	50	»	50
Note de l'office du travail (1900)	5o	25	25
Statistique des institutions de bienfaisance (1901)	69,4	»	3o,6
Proposition de MM. E. Rey et Lachièze (1902).	66,6 [a]	,	33,3 [a]
	8o [b]	»	20 [b]
Proposition de MM. Bienvenu-Martin, Barthou (1902).	57,6	3	39,4
Note du ministère de l'intérieur (1903) . . .	64,2	»	35,8
Rapport de M. Paul Strauss (1904)	79	»	21

a) dans les villes ; — b) dans les campagnes.

Il est à remarquer que, dans la plupart des supputations ci-dessus, une catégorie spéciale n'est pas attribuée aux assistés par placement familial. Ce n'est point que les auteurs des projets écartent ce mode d'assistance ; ceux mêmes qui le recommandent ne lui font pas toujours une place à part dans leurs calculs, parce que les bénéficiaires du placement familial seront « soit des secourus à domicile dont la pension suffira pour rémunérer leur nourricier, soit des clients de l'assistance hospitalière que, faute de place dans les hospices, on placera chez des particuliers au même prix qu'ils auraient coûté à entretenir dans un établissement public ou privé [1]. »

Une seconde observation que suggère l'examen du tableau, c'est que, à l'exception des évaluations extrêmes et inversement exagérées (rapports de M. Fleury-Ravarin en 1895 et de M. Strauss en 1904), les proportions des assistés à domicile et des assistés à l'hospice, après incorporation des assistés par placement familial, se rapprochent assez sensiblement du rapport de 2 à 1, tel qu'il ressort d'ailleurs à peu près (64,2 et 35,8 au lieu de 66,6 et 33,3) des résultats accusés par l'enquête de 1903 et résumés dans la note du ministère de l'intérieur du 11 janvier 1904 (annexe III du rapport Strauss) [2].

On peut donc admettre, en chiffre rond, que deux tiers des futurs

---

1. Rapport de M. P. Strauss, p. 34.

2. D'après M. Milliès-Lacroix (*infrà*, p. 86), les proportions seraient de 60 et 40 p. 100.

assistés recevront la pension à domicile et que l'autre tiers devra être hospitalisé. Ce premier point établi, demandons-nous ce que coûtera : un assisté à domicile — un hospitalisé.

La proposition de loi votée par la Chambre fixait à 8 fr., sur la demande du gouvernement, le minimum de l'allocation mensuelle ; la proposition de la commission sénatoriale, reprenant le chiffre primitif de la commission d'assurance et de prévoyance sociales, abaisse ce minimum à 5 fr., soit à 16 centimes et demi par jour ou à 60 fr. par an.

De plus, la proposition de la Chambre portait que, dans le cas où le taux de l'allocation mensuelle excéderait 3o fr., l'excédent n'entrerait en compte ni pour le calcul des remboursements de collectivité à collectivité, ni pour la détermination de la subvention du département et de l'État. Ce maximum de 3o fr., la commission sénatoriale le maintient dans les conditions qui viennent d'être rappelées ; mais elle propose de créer un nouveau maximum abaissé à 2o fr. : si le taux était supérieur à 2o fr., la délibération du conseil général, approuvant la fixation adoptée par le conseil municipal, devrait être soumise à l'approbation du ministre de l'intérieur, qui statuerait après avis du conseil supérieur de l'assistance publique.

En résumé, le taux normal de l'allocation mensuelle varierait, soit de 8 à 3o fr., soit de 5 à 2o fr. et exceptionnellement à 3o fr. (¹).

Suivant que l'un ou l'autre système sera admis, la dépense moyenne afférente à un assisté à domicile variera nécessairement, et d'une façon notable. C'est dire qu'il convient d'aborder avec quelque réserve l'examen du coût probable d'un assisté à domicile.

M. Fleury-Ravarin estimait la moyenne des secours à domicile à 15o fr., soit à 12 fr. 5o par mois. En raisonnant dans l'hypothèse d'un secours minimum de 8 fr. et maximum de 15 fr., M. de Moüy, dans son rapport au Conseil d'État (n° 1o8 396, 28 juin 1898, p. 9), pensait que ce chiffre de 15o fr. ne serait pas atteint, que le maximum des pensions serait rarement accordé, et qu'une grande quantité de secours atteindraient 1oo fr. seulement ; une moyenne de 12o à 13o fr., concluait M. de Moüy, serait peut-être plus près de la vérité.

---

1. Le rapport de M. P. Strauss résume très exactement la genèse des différentes fixations qui ont été proposées pour le minimum ou le maximum de l'allocation mensuelle (p. 5o et 51).

MM. Émile Rey et Lachièze, dans leur proposition de loi de 1902 (*Impr.*, n° 56), exposaient que la pension à domicile devrait se mouvoir entre 90 et 180 fr. Elle pourra même, ajoutaient-ils, « descendre à 60 fr. si l'assisté possède un petit logement ou un lopin de terre dont le revenu représente la différence entre les deux chiffres... Si les secours domiciliaires étaient également répartis entre les chiffres extrêmes de 60 et 180 fr. que nous proposons, la moyenne du coût de chaque assisté serait de 120 fr.; mais les petites pensions seront relativement plus nombreuses à la campagne que les grosses pensions, en sorte que la moyenne descendra à un chiffre inférieur que nous croyons pouvoir fixer à 100 fr. Par contre, dans les villes, ce seront les grosses pensions qui domineront; la moyenne de la dépense par tête s'accroîtra et peut être portée au chiffre de 150 fr. »

Dans leur proposition de loi de 1902, MM. Bienvenu-Martin, Audiffred, Barthou... (*Impr.*, n° 118), évaluaient à 150 fr. par individu et par an la dépense moyenne d'assistance à domicile. Dans son rapport (*Impr.*, n° 839), M. Bienvenu-Martin maintient ce chiffre moyen de 150 fr. ([1]), qui était également le chiffre fourni à la commission d'assurance et de prévoyance sociales par la note du ministère de l'intérieur de 1903. D'après cette note, le taux de la pension, qui variera selon les communes et qui sera plus élevé dans les villes où la vie est plus chère que dans les communes rurales, pourrait être ainsi déterminé : en prenant comme moyenne des pensions à Paris celle de 360 fr. qui est actuellement servie comme pension représentative d'hospice, et dans les autres communes groupées d'après leur population des pensions de 240, 180, 144, 120 et 96 fr., correspondant à des mensualités de 20, 15, 12, 10 et 8 fr., on obtiendrait une dépense totale de 14 983 104 fr., se décomposant comme suit :

Paris.	360 × 6 188 =	2 227 680 fr.
Villes de plus de 100 000 habitants	240 × 10 676 =	2 562 240
De 30 000 à 100 000 habitants.	180 × 11 792 =	2 122 560
De 10 000 à 30 000 habitants	144 × 11 871 =	1 709 424
De 5 000 à 10 000 habitants.	120 × 6 818 =	818 160
De 2 000 à 5 000 habitants	120 × 13 792 =	1 655 040
Au-dessous de 2 000 habitants.	96 × 40 500 =	3 888 000
Total.		14 983 104 fr.

1. La proposition de loi, rapportée par M. Bienvenu-Martin, fixait à 5 fr. le minimum et à 20 fr. le maximum de l'allocation mensuelle.

La dépense de 14 983 104 fr. s'appliquait à 101 637 assistés à domicile, soit une moyenne de 147 fr. 42 par tête (note du ministère de l'intérieur du 11 janvier 1904). — M. P. Strauss, de son côté, propose le taux moyen de 150 fr. pour la pension à domicile, et voici comment il raisonne :

Dans le service, facultatif pour les départements et les communes, institué par les lois de finances qui régissent actuellement la matière, le maximum des pensions est de 200 fr. et son minimum de 50 fr., d'où il suit que sa moyenne théorique ressort à 125 fr. $\left(\frac{200 + 50}{2}\right)$. Mais, en fait, la moyenne n'atteint pas 110 fr. (20 281 pensions coûtent 2 215 319 fr. 70). Nous pensons que, dans ces conditions, on n'aura pas de déceptions en tablant sur un taux moyen de 150 fr. pour l'assistance à domicile.

Le chiffre de 150 fr. [1], bien qu'il résulte d'appréciations nombreuses et autorisées, ne nous paraît pas devoir être atteint en fait.

Il y a lieu d'observer d'abord que les notes du ministère de l'intérieur, qui admettaient le taux moyen de 147 fr. 42, ont été rédigées dans l'hypothèse d'un minimum de 8 fr. et d'un maximum de 30 fr. Avec les propositions nouvelles de la commission sénatoriale, le tableau cité plus haut devrait subir, du moins dans ses derniers échelons, une réduction en conséquence ; il pourrait être ainsi dressé, en faisant état de la répartition des assistés qu'il suppose entre les diverses classes de communes :

Paris	360 ×	6 188 =	2 227 680 fr.
Villes de plus de 100 000 habitants	240 ×	10 676 =	2 562 240
De 30 000 à 100 000 habitants	180 ×	11 792 =	2 122 560
De 10 000 à 30 000 habitants	120 ×	11 871 =	1 187 100
De 5 000 à 10 000 habitants	96 ×	6 818 =	654 528
De 2 000 à 5 000 habitants	72 ×	13 792 =	993 024
Au-dessous de 2 000 habitants	60 ×	40 500 =	2 430 000
Total			12 177 132 fr.

Réduite à 12 177 132 fr. pour le même nombre présumé d'assistés, 101 637, la dépense ressortirait par tête à une moyenne de moins de 120 fr. (119 fr. 81).

Ce chiffre, à notre sentiment, serait même plutôt au-dessus de la réalité.

---

1. C'est le chiffre admis aussi par M. Milliès-Lacroix. Voir *infra*, p. 86.

La moyenne des pensions actuelles, comme il était rappelé plus haut, n'atteint pas 110 fr. Mais le nombre en est restreint (20 281 pour toute la France, dont 9 128 pour la Seine), et la charge est relativement légère pour les communes.

Le jour où l'assistance, de facultative, deviendra obligatoire, où tous les septuagénaires, les infirmes et les incurables, privés de ressources, seront obligatoirement assistés, et cela au compte de la commune pour une large part qui ne sera sans doute pas, en moyenne, inférieure à 40 ou 45 p. 100, il est à croire — il est grandement à craindre — que de nombreux conseils municipaux jugeront avoir rempli leur devoir d'assistance, selon la lettre, sinon selon l'esprit de la loi, en attribuant à l'ayant droit le minimum légal de 5 ou de 8 fr. (¹).

D'ailleurs, tout au moins pour la population rurale, il faut bien reconnaître que l'on pourra souvent apporter un soulagement très précieux avec le secours minimum. Il est rare, en effet, font observer très justement MM. E. Rey et Lachièze (²), que l'indigent rural n'ait pas son logement, et parfois aussi un petit jardin ou quelques lopins de terre qui peuvent lui fournir une partie de sa nourriture. Parfois aussi il peut se procurer quelques petits avantages par le glanage, le grappillage, le bois mort ramassé dans la forêt, etc. Quand on sait à quel point le paysan est économe et se contente de peu, quand on a vu les services que rendent les modestes secours que distribue le ministère de la guerre aux vieux militaires dans le besoin, on peut être assuré que même avec des pensions relativement faibles, on arrivera à améliorer d'une manière très appréciable la situation des pauvres gens qu'il s'agit d'assister.

En somme, nous croyons que le taux minimum de la pension, suffisant quelquefois et quelquefois aussi peut-être insuffisant, sera en tout état de cause adopté souvent par les assemblées locales, conseils municipaux et conseils généraux. Le chiffre de 120 fr., qui correspond à une allocation mensuelle de 10 fr., et à un secours quotidien d'un peu plus de 30 centimes, nous semble par suite de-

---

1. C'est pourquoi le minimum de 5 fr., acceptable comme exception, semble offrir de sérieux inconvénients. Car son inscription dans la loi peut être interprétée comme une indication du législateur et servir de prétexte commode aux mauvaises volontés, aux résistances des autorités locales, dont triompheraient peut-être malaisément les décisions des commissions de recours.

2. Exposé des motifs de la proposition de loi de 1902.

voir être accepté pour la moyenne des pensions à domicile, même si le minimum est maintenu à 8 fr. Si ce minimum était abaissé à 5 fr., nous pensons que le taux moyen descendrait même à 100 fr.

Pour ce qui est de l'hospitalisation, la dépense moyenne est évaluée à 1 fr. 50 par jour, soit à 550 fr. par an, d'après les notes du ministère de l'intérieur.

M. de Moüy, en 1898 (*loc. cit.*), considérait le chiffre de 550 fr. comme évidemment inexact ; car, ajoutait-il, « pour les vieillards, la moyenne n'est que de 1 fr. 20, pour les femmes de 1 fr. 18, et pour les enfants de 1 fr. 12. Il est impossible, par suite, d'atteindre avec ces chiffres la moyenne de 1 fr. 50 ».

MM. E. Rey et Lachièze, dans leur proposition de 1902, établissaient d'abord une distinction entre les hospitalisations dans les communes rurales et les hospitalisations dans les villes. Comme la plupart des établissements qui donneront asile aux assistés de la campagne se trouveront dans des petites villes où les conditions de la vie sont moins coûteuses, MM. E. Rey et Lachièze estimaient que le prix moyen ne dépassera pas 400 fr. par an, tandis que dans les hospices des grandes villes il est plus élevé. Mais, ajoutaient-ils, nous n'avons pas besoin de rechercher quel sera pour ces dernières le coût de l'hospitalisation, car, du moment qu'elles ont généralement assez de ressources propres pour faire face à l'assistance de leurs malheureux, et qu'elles n'auront pas à recourir à la subvention du département et de l'État, il importe peu de savoir exactement ce qu'elles dépensent pour leurs hospitalisés.

MM. Bienvenu-Martin, Audiffred, Barthou,... dans leur proposition de 1902, fixaient à 480 fr. par an la dépense moyenne d'un assisté à l'hospice, en prenant le chiffre de 1 fr. 32 par jour, moyenne indiquée par l'*Annuaire statistique de la France pour 1897*.

Dans son rapport, M. Bienvenu-Martin admettait le chiffre moyen de 550 fr., proposé par la note du ministère de l'intérieur de 1903. D'après cette note :

A Paris l'hospitalisation coûte . . . . 730 fr. par an.
Dans les villes au-dessus de 10 000 habitants on peut l'évaluer en moyenne à. . . . . 550 —
Et dans les localités au-dessous de 10 000 habitants, à. . 400 —

D'après ces chiffres, les dépenses d'hospitalisation seraient les suivantes :

1° *Incurables.*

```
Paris . . . . . . . . . . . . .   5 100 × 730 = 3 723 000 )
Au-dessus de 10 000 habitants.  15 000 × 550 = 8 250 000 } 16 573 000 fr.
Au-dessous de 10 000 habitants. 11 500 × 400 = 4 600 000 )
```

2° *Vieillards.*

```
Paris . . . . . . . . . . . .   9 911 × 730 = 6 891 930 )
Au-dessus de 10 000 habitants.  3 814 × 550 = 2 097 700 } 11 705 230 fr.
Au-dessous de 10 000 habitants. 6 789 × 400 = 2 715 600 )
                                                        ___________
                Total des frais d'hospitalisation. . .  28 278 230 fr.
```

La dépense de 28 278 230 fr. s'appliquant à 51 644 hospitalisés, la moyenne par tête est de 547 fr. 55.

M. P. Strauss, dans son rapport (p. 33), propose le chiffre annuel de 550 fr., représentant le prix moyen de journée des malades. Il n'y a en effet aucune raison, ajoute-t-il, pour que des vieillards et des incurables, même en faisant la sélection des plus difficiles à soigner, coûtent sur l'ensemble plus cher que les malades aigus de l'assistance médicale gratuite.

Nous croyons même que les hospitalisés du futur service coûteront moins cher que les hospitalisés du service institué par la loi de 1893. Le prix de journée d'hôpital est sensiblement plus élevé que le prix de journée d'hospice, par suite notamment des frais afférents aux services de chirurgie. D'autre part, il n'y a plus ici les circonscriptions hospitalières de la loi de 1893, et, comme l'hospitalisation offre un moindre caractère d'urgence que pour les malades, les communes pourront envoyer leurs assistés dans un hospice un peu éloigné de préférence à un hospice proche, si d'ailleurs les conditions de prix sont plus avantageuses.

La note du ministère de l'intérieur de 1903 admettait que deux journées d'hospice représentent comme dépense une journée d'hôpital. Sans aller jusque-là, il semble bien qu'on puisse considérer comme représentant une même dépense, deux journées d'hôpital et trois journées d'hospice.

Or nous connaissons, de façon précise, le prix de journée d'hôpital; ce prix, pour les malades du service de l'assistance médicale gratuite, a été, dans l'ensemble des hôpitaux de rattachement, de 1 fr. 50 en 1897, de 1 fr. 53 en 1898 et de 1 fr. 57 en 1899 [1].

La progression est constante et paraît devoir continuer, les prix de journée d'hôpital tels qu'ils ont été fixés dès les premières années d'application de la loi de 1893 ayant été arrêtés dans nombre de cas à un taux plutôt onéreux pour l'établissement [2]. Mais il sera tenu, semble-t-il, un compte suffisant des augmentations possibles résultant des revisions ultérieures du prix de journée, en évaluant à 1 fr. 70 la moyenne normale du prix de journée d'un malade de l'assistance médicale. Si l'on admet, d'un autre côté, que deux journées d'hôpital, soit 3 fr. 40, équivalent à trois journées d'hospice, on obtient en dernière analyse pour le prix probable d'une journée d'hospice 1 fr. 13, chiffre qui correspond à une dépense moyenne de 412 fr. par an [3].

XI

Nous pouvons maintenant évaluer, du moins approximativement, le coût probable d'un service public d'assistance aux vieillards, aux infirmes et aux incurables.

Le nombre des ayants droit paraît devoir osciller entre 320 000 et 400 000 et peut être arbitré, croyons-nous, à 385 000, dont 255 000 seraient assistés à domicile et 130 000 seraient hospitalisés. La dépense serait ainsi de 84 160 000 fr., savoir : pour l'assistance à domicile 30 600 000 fr. (en calculant avec une pension moyenne de 120 fr. — 255 000 $\times$ 120), et pour l'assistance à l'hospice

---

1. Rapport au ministre de l'intérieur sur l'exécution en 1897-1899 de la loi du 15 juillet 1893, *op. cit.*, p. 26.

2. Cette constatation paraît se dégager du rapprochement des prix de journée d'hôpital pour les malades de la loi de 1893 et ceux plus forts, quoique strictement calculés, établis pour les malades militaires soignés dans les hôpitaux civils par application de la loi du 7 juillet 1877.

3. D'une enquête à laquelle a procédé le ministère de l'intérieur (fin octobre 1904), sur la demande de M. Millies-Lacroix, il résulte que le prix de journée moyen, actuellement payé pour les vieillards et incurables hospitalisés au compte des départements, ressortirait dans l'ensemble à 1 fr. 14, soit 416 fr. 10 par an.

53 560 000 fr. (130 000 × 412); avec 500 000 fr. de frais d'administration (1), on obtient une dépense totale de 84 660 000 fr. (2).

Cette somme de 84 660 000 fr. constitue une dépense brute. Pour avoir la dépense nette (et nous entendons par cette expression la dépense nouvelle que le fonctionnement de l'assistance obligatoire aux vieillards, infirmes et incurables devra faire imposer aux contribuables), il faut déduire : 1° les sommes déjà dépensées et les ressources dès à présent disponibles en faveur de cette assistance ; 2° les sommes qui viendraient à être affectées par ailleurs aux vieillards privés de ressources, du fait de la loi (en préparation) sur les retraites ouvrières.

Reprenons ces deux points.

En 1901, les dépenses ordinaires des établissements hospitaliers(3) se sont élevées au total de 125 307 882 fr. ; les dépenses spéciales aux services hospitaliers (déduction faite (4) des frais généraux, des frais de régie des biens, des dépenses des services extérieurs) ont été de 81 761 466 fr. (125 307 882 — 43 546 416).

Dans cette somme de 81 761 466 fr., quelle part peut-on attribuer aux dépenses concernant les vieillards et incurables hospitalisés ? Le nombre total des journées de présence des malades a été de 20 993 310 ; celui des vieillards, incurables et infirmes, de 24 174 705.

La part respective des malades d'une part, des vieillards et incurables de l'autre, dans les dépenses globales des établissements hospitaliers ne saurait être déterminée uniquement d'après les nombres des journées de présence de chacune de ces deux catégories

---

1. « Quant aux frais d'administration, on peut les évaluer à 500 000 fr. au maximum (les frais d'administration de l'assistance médicale sont d'environ 150 000 fr., comprenant 128 000 fr. de dépenses d'origine départementale). » Rapport de M. P. Strauss, p. 34. — M. Milliès-Lacroix (infrà, p. 88) réduit à 274 000 fr. les frais d'administration, dont 100 000 fr. pour les dépenses de l'administration centrale.

2. Nous ne croyons pas devoir faire entrer en ligne de compte les frais résultant des constructions nouvelles ou des appropriations d'hospices existants ; c'est là une dépense extraordinaire, qui sort des prévisions du fonctionnement normal du futur service et à laquelle, du reste, pourra suffire, durant les premières années tout au moins, le prélèvement d'un tiers, soit environ un million et demi par an, sur les fonds du pari mutuel consacrés aux œuvres d'assistance.

3. Les chiffres cités sont empruntés à la *Statistique annuelle des institutions d'assistance*, année 1901, tableaux XVIII, XXV et suivants.

4. Et aussi, bien entendu, des dépenses des bureaux de bienfaisance de Paris, comprises, d'autre part, dans le tableau XVIII pour 9 469 144 fr.

d'hospitalisés. En effet, comme il a été déjà expliqué, le prix de la journée d'hôpital est sensiblement plus élevé que le prix de la journée d'hospice, et il paraît rationnel d'admettre que deux journées d'hôpital représentent comme dépense trois journées d'hospice. Il convient donc, pour avoir la part proportionnelle des dépenses d'hôpital et des dépenses d'hospice, de majorer de 50 p. 100 le nombre total des journées de présence des malades et de diviser le montant des dépenses, 81 761 466 fr., proportionnellement à ce nombre, 31 489 965 (20 993 310 + $\frac{20\,993\,310}{2}$), et à celui des journées de présence des vieillards et incurables, 24 174 705. On obtient ainsi pour la part des malades 46,2 millions et pour la part des vieillards et incurables 35,5 millions en chiffres ronds.

D'un autre côté, les dépenses ordinaires des bureaux de bienfaisance en 1901 se sont élevées à 38 121 007 fr. Les dépenses spéciales à l'assistance à domicile (déduction faite des dépenses suivantes : entretien des propriétés et contributions, pensions et rentes à la charge des bureaux, remises des receveurs, frais de bureau) ont été de 33 696 066 fr. Les vieillards et les infirmes forment à peu près le sixième de la clientèle des bureaux de bienfaisance ; chacun des assistés de cette catégorie coûte aux bureaux de bienfaisance 50 p. 100 de plus qu'une autre personne secourue à domicile, enfant ou adulte de moins de soixante-dix ans. On peut donc évaluer au quart des secours distribués par les bureaux de bienfaisance, soit à 8 424 400 fr., ceux qui concernent les vieillards et les infirmes (1).

Ainsi les établissements publics de bienfaisance consacrent environ 44 millions (hospices : 35,5 ; bureaux de bienfaisance : 8,5) à l'assistance des vieillards, des infirmes et des incurables.

Peut-on faire état de cette somme, et dans quelle mesure, pour couvrir les dépenses qui seront occasionnées par le futur service ?

Un premier point ne soulève pas de difficulté. La proposition votée par la Chambre et la proposition de la commission sénatoriale

---

1. Cette proportion du quart était admise par la proposition votée à la Chambre et dont l'article 27 prévoyait une subvention obligatoire du bureau de bienfaisance à la commune, « subvention qui ne peut être inférieure au quart de ses ressources non grevées d'affectation spéciale ». — MM. Bienvenu-Martin, Audiffred..., croyaient même que les sommes employées par les bureaux de bienfaisance à secourir les vieillards et les infirmes à domicile ne sauraient être évaluées à moins du tiers de la dépense totale de ces établissements, soit au minimum à 11 millions (*Impr.*, n° 118).

prévoient en un article identique que « les bureaux de bienfaisance,
les hospices et les hôpitaux-hospices possédant, en vertu de fondations ou de libéralités, des biens dont le revenu a été spécialement
affecté à l'assistance à domicile des vieillards, des infirmes et des
incurables, seront tenus de contribuer à l'exécution de la présente
loi, conformément aux conditions de la donation, jusqu'à concurrence dudit revenu. »

Pour évaluer cette part des fondations, M. P. Strauss, dans son
rapport (p. 35), applique la proportion de 16,47 p. 100 accusée pour
la participation des fondations aux dépenses des services départementaux d'assistance médicale gratuite, et, comme il a d'ailleurs
évalué à 43 millions les dépenses totales, il suppose que les fondations fourniront 7 millions au budget de l'assistance obligatoire aux
vieillards et aux infirmes.

En ce qui concerne spécialement les hospices communaux, la proposition de loi leur impose l'obligation de « recevoir autant que
leurs ressources propres le permettent, les vieillards, les infirmes et
les incurables ayant leur domicile de secours dans la commune où
est situé l'établissement et qui ont été désignés pour l'hospitalisation. » La même obligation incombe aux hospices intercommunaux
et cantonaux à l'égard des vieillards, des infirmes et des incurables
ayant leur domicile de secours dans les communes au profit desquelles ces hospices ont été fondés.

Cette disposition a une importance considérable, car elle se réfère à la partie la plus onéreuse des dépenses du service, aux frais
d'hospitalisation, et elle s'appliquera surtout aux hospices des
grandes villes, dont les ressources propres seront presque toujours
à peu près suffisantes pour permettre l'hospitalisation gratuite et
dont les prix de journée sont le plus élevés.

Pour les bureaux de bienfaisance, la proposition adoptée par la
Chambre disposait qu'ils devaient contribuer aux dépenses communales du nouveau service pour une part qui ne pouvait être
inférieure au quart de leurs ressources non grevées d'affectation
spéciale. Quant aux hospices, leur contribution était purement facul-
tative(1). La proposition de la commission sénatoriale supprime toute

---

1. « Nous prévoyons également une contribution, mais purement facultative, des
hospices. On sait qu'ils ont été autorisés par les lois des 7 août 1851 et 21 mai 1873
à consacrer une part de leurs revenus à l'assistance à domicile des vieillards et des

obligation et prévoit simplement, pour les bureaux de bienfaisance comme pour les hospices, une participation éventuelle aux dépenses communales d'assistance. Il est d'ailleurs expliqué, dans le rapport de M. P. Strauss (p. 59), que le législateur, en cette matière comme pour l'assistance médicale, « s'en remet à l'organisation administrative du soin de faire verser par les établissements de bienfaisance une contribution au nouveau service légitimée par le plus ou moins de secours que ce service fournira en leur lieu et place à une partie de leur ancienne clientèle ». Il appartiendrait donc à l'administration de s'inspirer de ce vœu du législateur (à défaut de contribution obligatoire), soit au moment de l'approbation ou du règlement des budgets des établissements, soit dans les décrets ou arrêtés préfectoraux autorisant l'acceptation des libéralités.

Dans ces conditions, il est assez malaisé de chiffrer le concours financier qu'il est permis d'attendre, dès les premières années d'application de l'assistance obligatoire, des hospices et bureaux de bienfaisance qui affectent dès maintenant, et obligatoirement pour partie (fondations et affectations spéciales), une somme d'environ 44 millions à l'assistance des vieillards, des infirmes et des incurables. Il ne paraît pas excessif de supposer que, sur cette somme, 36 millions viendront immédiatement en déduction des dépenses du nouveau service.

Enfin, il ne faut pas oublier que le service facultatif des pensions à domicile, institué par les lois de 1897 et de 1902, bien que très insuffisant, comporte, à la charge de l'État, des départements et des communes, des dépenses qui s'élèvent à plus de deux millions. C'est une nouvelle déduction à effectuer.

Dans le même ordre d'idées, on doit noter que le service d'assistance médicale supporte indûment les frais de traitement de nombreuses personnes, hospitalisées comme malades et devenues incurables : la dépense incombera au nouveau service, mais ce ne sera pas une dépense nouvelle.

De même encore, selon la remarque judicieuse présentée par MM. Émile Rey et Lachièze (*Impr.*, n° 56), l'assistance obligatoire aux

---

infirmes. Rien ne s'oppose à ce que les commissions administratives continuent d'user de cette faculté sous la forme d'une subvention versée à la commune. » Rapport de M. Bienvenu-Martin, p. 53.

vieillards et infirmes permettra à l'État de réaliser des économies
appréciables. « Les budgets de tous les ministères et notamment de
celui de la guerre portent des crédits relativement considérables
pour distribuer des secours aux vieux serviteurs de l'État dans le
besoin. Il y a aussi des crédits inscrits pour certaines institutions de
bienfaisance, les Quinze-Vingts en particulier. Le jour où tous les
vieillards et les infirmes indigents seront obligatoirement assistés
en vertu d'une loi organique spéciale, l'État pourra effectuer des ré-
ductions notables sur quelques-uns de ces crédits et diminuer ainsi
les sacrifices qui résulteront pour lui de cette branche nouvelle
d'assistance. »

Au total, on ne sera sans doute pas éloigné de la vérité en esti-
mant à 38 millions et demi les déductions que comporteraient les
dépenses du nouveau service.

Ce n'est pas tout. Si le projet de loi sur les retraites ouvrières,
actuellement examiné par la commission d'assurance et de prévoyance sociales (¹), était voté, il y aurait lieu de retrancher du total
des bénéficiaires de la loi d'assistance un nombre, évidemment considérable, des ayants droit de la loi d'assurance : car tous les ouvriers et employés qui autrement eussent été privés de ressources et
qui ne le seront plus par suite de l'attribution d'une pension, cesse-
ront d'être à la charge de l'assistance ou n'auront plus besoin de
cette assistance que dans une mesure restreinte.

Quel est ce nombre ? et comment le déterminer ?

On est réduit à des conjectures.

Assurément, la grande majorité des individus dénués de ressources
provient des ouvriers et employés de l'industrie, du commerce et
de l'agriculture. Pourtant, sans parler des professions libérales qui
ont leurs déchets, il faut considérer le grand nombre des petits pa-
trons et artisans qui, vivant au jour le jour, perdent leurs moyens
d'existence en perdant leurs forces intellectuelles et physiques, les
petits cultivateurs que leur lopin de terre ne nourrit plus quand ils

---

1. Le gouvernement devait demander à la Chambre de discuter ce projet à la
session ordinaire de janvier 1905 (discours du président du conseil à Carcassonne, le
24 juillet, et à Auxerre, le 4 septembre 1904). — Le ministère Combes s'est retiré
dès les premiers jours de la session de janvier 1905. Le cabinet Rouvier, qui lui a
succédé, a inscrit dans son programme l'assistance aux vieillards et aux incurables et
la caisse des retraites pour la vieillesse (déclaration ministérielle du 27 janvier 1905).

n'ont plus la force d'y travailler, les modestes rentiers qu'un événement malheureux vient à ruiner, surtout les personnes comprises dans les statistiques comme n'ayant point de profession définie ou classée.

A défaut d'une indication précise que ne fournissent pas les statistiques, on peut évaluer à un cinquième du nombre total des vieillards privés de ressources ceux qui proviennent de ces diverses catégories.

Sur les 185 000 vieillards de soixante-dix ans au moins qui, d'après nos évaluations, auraient besoin d'assistance, on peut donc fixer à 148 000 $\left(185\,000 - \frac{185\,000}{5}\right)$ ceux qui seraient appelés à jouir d'une allocation représentative de la retraite ouvrière d'après les dispositions suivantes, adoptées pour le régime transitoire par la commission d'assurance et de prévoyance sociales, dans sa séance du 24 juin 1904 :

Le régime transitoire s'appliquerait aux travailleurs âgés de plus de soixante-cinq ans au jour de la promulgation de la loi et à tous ceux qui ne se trouveraient pas dans les conditions voulues pour effectuer tous les versements prescrits en période définitive.

Une allocation uniforme de 50 fr. serait servie à tous les bénéficiaires la première année d'application de la loi. Cette allocation serait augmentée de 4 fr. par an au cours de chacune des années suivantes, de façon à rejoindre par échelons successifs les taux des allocations de 100 et 120 fr. (100 fr. pour les ouvriers de l'agriculture, 120 fr. pour les ouvriers du commerce et de l'industrie), consenties pour la période normale.

D'après ces données, et si l'on admet que, sur les 185 000 septuagénaires privés de ressources, 148 000 sont des salariés, il sera aisé de déduire approximativement le nombre des vieillards qui resteront les clients nécessaires de l'assistance, cette évaluation étant faite, non par unités individuelles, mais au point de vue de la dépense probable.

Sur les 185 000 vieillards de soixante-dix ans et plus, deux tiers, soit 123 333, peuvent être assistés à domicile et 61 667 doivent être hospitalisés.

Pour les assistés à domicile, un cinquième (soit 24 667 vieillards) devra être d'abord retenu pour la loi d'assistance, comme restant en dehors des retraites ouvrières.

En outre, étant supposé que quatre cinquièmes, soit 98 666, recevront une retraite ouvrière de 50 fr. dès la première année, représentant les 41,67 centièmes de 120 fr., moyenne probable des pensions d'assistance à domicile — on ne peut distraire des 98 666 vieillards (au point de vue de l'ensemble de la dépense) que 41,67 p. 100, soit 41 114, du fait de l'application des retraites ouvrières, et la part qui restera à la charge de l'assistance équivaudra à 57 552 vieillards.

On obtient ainsi 82 219 vieillards (24 667 + 57 552) qui auront à recevoir une pension à domicile, au compte de l'assistance.

Appliquant le même raisonnement aux 61 667 vieillards qui devront être hospitalisés, on a un premier groupe d'un cinquième, soit 12 333, qui est à la charge exclusive de l'assistance, comme restant en dehors des retraites ouvrières. Pour les 49 334 autres, qui toucheraient une allocation représentative de la retraite, il importe de préciser que cette allocation de 50 fr. ne représente qu'une partie des frais d'hospitalisation, soit 12,135 centièmes de 412 fr. Par conséquent, sur les 49 334 vieillards envisagés, on ne peut distraire (toujours au point de vue de l'ensemble de la dépense) que 12,135 p. 100, soit 5 986, du fait de l'application des retraites ouvrières, et 43 348 devront recourir à l'assistance.

On obtient ainsi 55 681 vieillards (12 333 + 43 348), qui auront à être hospitalisés au compte de l'assistance.

En résumé, des 185 000 septuagénaires ayant besoin d'assistance, la loi des retraites ouvrières permettrait de retrancher 47 100 personnes qui relèveraient de la loi d'assurance, 137 900 resteraient à la charge propre du budget de l'assistance.

Ce nombre de 137 900 vieillards est d'ailleurs un maximum. Les calculs qui précèdent s'appliquent, en effet, à la première année d'exécution de la loi des retraites ouvrières, alors que l'allocation annuelle est seulement de 50 fr. Mais cette allocation, comme il a été dit plus haut, s'accroîtrait chaque année de 4 fr., jusqu'à ce qu'elle atteigne 100 ou 120 fr., et, dès lors, d'année en année, la loi d'assistance aurait à secourir les vieillards dans une proportion moindre ; les charges de l'assistance diminueront à mesure que s'accroîtront les charges résultant de la loi d'assurance.

Si, maintenant, on veut chiffrer plus exactement l'économie qu'entraînerait pour le service d'assistance aux vieillards l'application de la loi sur les retraites ouvrières, on constate que cette loi permettrait de retrancher :

<pre>
41 114 assistés à domicile à 120 fr. . . . . .   4 933 680 fr.
 5 986 hospitalisés à 412 fr. 2 466 232
                      Total. . . . . . .   7 399 912 fr.
</pre>

En résumé, avec les 38 millions et demi de dépenses déjà faites, les 7 millions et demi à attendre de la loi des retraites ouvrières et les déductions (que nous indiquons seulement pour mémoire) à provenir des ressources personnelles des assistés prévoyants ou du concours fourni par la bienfaisance privée, on voit que la dépense brute de 84 660 000 fr. se réduit à une dépense nette de 38 millions et demi, dépense nouvelle qu'il faudra demander aux contribuables et répartir entre les collectivités intéressées, communes, départements, État.

<h2 style="text-align:center">XII</h2>

Selon les principes formulés par le congrès international d'assistance publique de 1889 et rappelés par le conseil supérieur de l'assistance publique dans sa déclaration du 19 mars 1898, l'assistance publique doit être d'abord donnée par la commune, qui doit être financièrement intéressée à ne pas transformer l'assistance rationnelle en un gaspillage inconsidéré, en un encouragement au paupérisme, à ne pas augmenter outre mesure le nombre des personnes admises à l'assistance, dont la commune se déchargerait ensuite sur le département et l'État. C'est la commune, en règle générale, qui doit l'assistance à ses pauvres : *Quæque civitas suos pauperes alito.*

Mais ce principe, depuis longtemps admis, comporte un tempérament. La commune elle-même peut être pauvre, elle peut n'avoir pas les ressources suffisantes pour acquitter toute la dette d'assistance qui lui incombe, elle a besoin de faire appel à l'aide pécuniaire des collectivités plus importantes dans l'organisme administratif, le département et l'État. Ce concours sera donné conformément à ce second principe, dont nous empruntons le texte à la déclaration de 1898 :

« L'assistance publique est une œuvre de solidarité nationale. Elle doit s'exercer non seulement de la société à l'individu, mais de groupe à groupe, les communes riches venant au secours des communes pauvres, les départements riches venant au secours des départements pauvres. La proportionnalité, et non la fixité, doit en conséquence être la règle des subventions, soit des départements, soit de l'État. »

Il a été fait application de ces principes par la loi du 15 juillet 1893 sur l'assistance médicale gratuite, dont les barèmes A et B proportionnent les subventions du département aux communes et de l'État aux départements en raison inverse du degré présumé de pauvreté des communes, des départements, une subvention plus forte (pour une même dépense) étant attribuée à la collectivité supposée plus pauvre. L'échelle des barèmes A et B fut empruntée à la réglementation alors en vigueur pour les chemins vicinaux; et le degré de richesse ou de pauvreté fut, comme en cette matière, déterminé par la valeur du centime, communal ou départemental.

Leur extension à l'assistance des vieillards, infirmes et incurables, admise sans enthousiasme d'ailleurs et moyennant une légère modification par la commission d'assurance et de prévoyance sociales (rapport de M. Bienvenu-Martin), a été votée par la Chambre avec l'adjonction d'un troisième barème, dit barème C, qui modifie le jeu des subventions tel qu'il est réglé pour l'assistance médicale. La commission sénatoriale, à son tour, propose quelques changements aux trois barèmes A, B et C.

On peut dire, d'une manière générale, que les modifications introduites dans le système consacré par la loi de 1893 ont pour objet de déplacer le poids de la dépense en le faisant supporter moins lourdement aux collectivités inférieures, surtout aux communes. La question n'est pas indifférente, et l'intérêt qui s'attache à sa solution apparaît bien d'après les nombreuses corrections apportées ou proposées au système de 1893, en ce qui touche spécialement l'assistance aux vieillards, infirmes et incurables.

Dès la première application du régime des pensions facultatives institué par la loi du 29 mars 1897, une légère atténuation avait été admise par la jurisprudence administrative à la charge des collectivités inférieures et principalement des communes. En effet, la jurisprudence libérale adoptée dès 1898, en suite des déclarations portées à la tribune du Sénat par le ministre de l'intérieur dans la séance du 16 décembre 1897, avait allégé un peu cette charge en ce sens que la subvention du département aux communes et la subvention de l'État aux départements étaient désormais acquises, soit aux communes, soit aux départements, pour les dépenses d'assistance médicale (et par voie de conséquence pour les dépenses d'assistance aux vieillards et aux incurables), couvertes, non pas seulement au moyen de ressources spécialement créées pour l'exécution de la loi de 1893 (ou de la loi de 1897), mais encore au moyen d'autres ressources provenant de l'impôt.

Même ainsi interprétés, les barèmes A et B laissent à la charge des collectivités autres que l'État la plus grosse part de la dépense, puisque, pour l'année 1899, les dépenses de l'assistance médicale se répartissent comme il suit ([1]) :

Communes	56,1 p. 100.
Départements	27,3 —
État	16,6 —
	100 p. 100.

Aussi, après la première application de l'article 43 de la loi de finances du 29 mars 1897, qui organisait d'une manière facultative l'assistance aux vieillards et aux incurables et proportionnait les charges financières suivant les barèmes de la loi de 1893, on a considéré que le peu d'empressement des communes à instituer des pensions à domicile provenait sans doute de ce fait que la plus grosse portion de la dépense incombait aux communes. (Rapport de M. A. Bérard sur le budget du ministère de l'intérieur de 1902, *Impr. de la Chambre*, n° 2639, p. 39 à 42.) C'est pour remédier à cette inertie voulue des communes que la commission du budget de la Chambre des députés a proposé d'apporter à l'article 43 certaines modifications qui ont trouvé place dans l'article 61 de la loi du 30 mars 1902. Aux termes de cet article, la part des communes, telle qu'elle résulte du barème A, est diminuée de 10 p. 100 et celle de l'État augmentée d'une somme égale.

---

1. M. Milliès-Lacroix, dans son rapport (p. 38), expose que les dépenses de l'assistance médicale pour 1902 se répartiront dans les proportions ci-après :

Communes	54,2 p. 100
Départements	28,6
État	17,2

C'est un système analogue qu'a adopté la commission d'assurance et de prévoyance sociales, sur la proposition de M. Émile Rey (rapport de M. Bienvenu-Martin, p. 22). La modification consiste à réduire de 10 unités chacun des chiffres du barème A représentant le coefficient de la subvention à allouer aux communes. Ainsi les communes qui, en raison de leur centime, reçoivent aujourd'hui du département 80 p. 100 pour les dépenses de l'assistance médicale, en recevront 90 p. 100 pour l'assistance aux vieillards ; celles qui reçoivent 75 p. 100 recevront 85 p. 100 et ainsi de suite. En même temps, les chiffres du barème B fixant la part contributive de l'État sont relevés de 10 unités. Par cette double modification, les charges des communes de toutes catégories se trouvent sensiblement réduites et c'est l'État qui, en définitive, supportera pour la presque totalité les conséquences de cette atténuation.

Ainsi, les modifications apportées par la proposition de la commission (adoptée par la Chambre des députés) aux barèmes de la loi de 1893 diminuent sensiblement la charge des communes en général.

Mais l'application du barème A, même modifié, tiendra-t-elle suffisamment compte de la situation respective des diverses communes ?

Voici deux communes, qui ont le même centime et par suite droit à même subvention. L'une peut avoir cependant à assister un plus grand nombre de vieillards et d'incurables que l'autre. Sans doute, la subvention due à la commune sera plus forte pour la première que pour la seconde, puisqu'elle est calculée d'après le même coefficient et porte sur une dépense totale plus considérable. Mais il n'en reste pas moins que si la première commune dépense 5 000 fr. pour l'assistance aux vieillards et aux incurables, et la seconde seulement 2 000, la dépense nette à la charge de la commune, si l'on suppose une subvention de 80 p. 100, sera, dans le premier cas, de 1 000 fr. et de 400 fr. seulement dans le second.

C'est en vue de corriger ces inégalités que M. Strauss, dans une proposition qu'il a déposée au Sénat le 20 janvier 1898, a, nous l'avons dit, présenté un système nouveau : la commune recevrait deux subventions, l'une du département, calculée d'après le barème A ; l'autre de l'État, calculée d'après un nouveau barème C, qui aurait pour résultat de majorer la part contributive de l'État, suivant la proportion des indigents et des nécessiteux par rapport à la population totale de la commune (¹).

La proposition votée par la Chambre des députés a fait état de ces considérations en introduisant un barème C, dont nous avons reproduit la formule plus haut (p. 3o) et qui a pour objet de reporter sur l'État une fraction plus ou moins forte de la part contributive des communes qui comptent un grand nombre d'assistés (²).

Ce barème C complémentaire est d'ailleurs un barème de super-position, non de remplacement, et ne touche pas à l'exécution des barèmes A et B modifiés, comme nous l'avons vu, dans un sens déjà favorable aux communes.

La proposition de la commission sénatoriale change un peu à son tour l'économie des barèmes qui sont annexés à la proposition votée par la Chambre des députés, et qui lui ont paru surcharger à tort les départements dont beaucoup bouclent péniblement leur budget.

M. P. Strauss, dans son rapport (p. 41 et 42), présente dans les termes suivants un exposé très net du système de la commission du Sénat :

Au système de la Chambre des députés, elle emprunte le principe du barème C avec sa double limitation empêchant que la subvention directe de l'État puisse excéder 20 p. 100 ni que la part d'aucune commune puisse descendre au-dessous du pourcentage prévu au dernier échelon du barème A (³), mais pour tenir compte des difficultés que rencontrent de toutes petites communes à se créer des ressources même minimes, elle ajoute un échelon inférieur au barème A, qui réduit à 5 p. 100 la participation des communes dont le centime est inférieur à 12 fr.

---

1. « D'après ce barème, l'État, tout en maintenant ses subventions directes aux départements, subventions qui constituent pour la plus grande part des subventions indirectes aux communes, servirait directement à ces dernières des subventions complémentaires mesurées suivant la proportion d'indigents que chacune d'elles aurait à assister par rapport à sa population ; ainsi dans les toutes petites communes, où chaque nouvel assisté élève considérablement cette proportion, comme dans les grandes villes, où les indigents affluent pour diverses causes, l'État augmenterait sa part contributive d'après un élément nouveau d'appréciation, sans que nulle part la contribution des départements fût modifiée. » (Rapport de M. P. Strauss, *Impr. du Sénat*, n° 43, p. 40).

2. Le barème C de la Chambre des députés diffère de celui de la proposition de M. Strauss (1898) en ce que l'État ne rembourserait directement aux communes un tant pour cent de la dépense qu'autant que les communes assisteraient plus de cinq individus par mille habitants.

3. Limitations nécessaires pour que toute commune reste vraiment intéressée à ne pas étendre abusivement les secours publics. (Note du rapport de M. P. Strauss.)

De la proposition de loi de M. Paul Strauss, nous retenons l'idée première du barème C qui assure un secours mesuré de l'État à toute commune où la loi s'applique, sans subordonner ce secours à une proportion élevée d'indigents, condition qui pourrait inciter bien des communes à étendre leurs listes d'assistés.

Enfin, nous conservons pour base, comme dans la législation transitoire en vigueur sur l'assistance à la vieillesse, les barèmes A et B de l'assistance médicale gratuite. Les modifications que nous leur apportons, bien qu'appréciables, ne sont pas de nature à créer trop de divergence entre le service des malades et celui des incurables ni à empêcher de réaliser un jour l'unité de barèmes dans ces deux services, qui auront toujours tant de points de contact et de pénétration réciproque.

D'autres modes de répartition des dépenses ont été encore proposés (v. rapports de M. Bienvenu-Martin et de M. P. Strauss); il serait prématuré de préjuger le système qui prévaudra définitivement, et par suite aussi de déterminer la part de dépense que devra supporter chacune des trois collectivités : communes, départements, État.

Deux points peuvent cependant être regardés comme acquis au débat : 1° la part des départements ne variera guère; 2° la diminution dont bénéficieront les communes viendra en augmentation de la part de l'État.

Les proportions vraisemblablement s'écarteront peu des chiffres inscrits dans le tableau ci-après qui donne en même temps les parts respectives des trois collectivités (¹) pour une dépense présumée de 35 millions :

	P. 100.	En millions.
Communes.	40 à 45	15,4 à 17,325
Départements	25 à 27	9,625 à 10,395
État.	35 à 28	13,475 à 10,780
	100 100	38,500 38,500

Il ne serait peut-être pas sans inconvénient d'aller plus avant dans la voie des dégrèvements en faveur des départements et surtout des communes; encore moins pourrait-on songer à les exonérer de toute

---

1. D'après les calculs de M. Milliès-Lacroix, cette répartition serait la suivante :

Communes	46,9 p. 100
Départements	27,6
État	25,5

participation aux dépenses, dont l'État assumerait seul la charge.
« Depuis la Révolution française, ainsi que le rappelait à la Chambre des députés le ministre des finances (¹) (deuxième séance du
16 juin 1904), toutes les lois d'assistance ont eu pour base nécessaire cette vérité, que l'État étant impuissant à constater par lui-même l'indigence ou le droit à l'assistance, et les collectivités locales
étant seules compétentes pour faire ces constatations, elles doivent
supporter des cotisations qui peuvent être minimes, mais qui sont
nécessaires pour les garantir contre leurs propres entraînements. »

XIII

Nous venons de donner de longs développements à l'examen des
conséquences financières de l'assistance aux vieillards, aux infirmes et aux incurables. Nous avons cru devoir, malgré l'aridité du
sujet, insister sur ce point, car c'est là — il ne faut pas s'y tromper
— la pierre d'achoppement qui peut retarder l'adoption définitive
de la réforme, qui peut compromettre la ratification par le Sénat(²)
de l'ensemble des dispositions consacrées en juin 1903 par le vote
quasi unanime de la Chambre des députés, entraînée par un élan
de solidarité sociale.

Si, comme nous le pensons, et comme nous croyons l'avoir établi, l'assistance obligatoire aux vieillards, aux infirmes et aux incurables doit imposer aux contribuables une charge nouvelle d'au
total 38 millions et demi, soit moins d'un franc par habitant, et cela
seulement après une période transitoire moins onéreuse, — la
dépense paraît faible quand on envisage l'importance des services
que la loi soumise au Sénat doit rendre à la population pauvre.

Certes, le montant en est encore assez élevé, il serait puéril de
le dissimuler; mais la charge ne paraît pas excéder les forces contributives du pays. D'ailleurs, pour important qu'il soit toujours, le
point de vue budgétaire ne saurait être ici prédominant.

La France, disait-on autrefois, est assez riche pour payer sa
gloire. La France du xxᵉ siècle doit être assez riche pour payer sa

---

1. M. Rouvier, qui, en conservant le portefeuille des finances, a pris la présidence du Conseil dans le cabinet constitué le 24 janvier 1905.
2. Voir ci-après, p. 91, l'avis de la commission sénatoriale des finances.

dette sociale à tous les ayants droit, à tous ceux qui se trouvent, temporairement ou définitivement, dans l'impossibilité physique de pourvoir aux nécessités de la vie.

C'est là un devoir étroit, dont l'accomplissement s'impose surtout à une démocratie. Ce devoir, la France le remplit au regard des enfants, plus particulièrement depuis les lois des 27 et 28 juin 1904; elle le remplit au regard des malades depuis la loi du 15 juillet 1893; elle doit le remplir au regard des vieillards, des infirmes et des incurables. Et, comme l'exprimait avec force, voilà déjà douze ans, le directeur de l'assistance et de l'hygiène publiques de France (¹), « s'il y a des mains qui se tendent, et que la maladie ou la débilité rend tremblantes, que notre République, que notre démocratie n'ait plus cette ironie d'y placer un bulletin de vote, en refusant d'y mettre un morceau de pain. »

------

1. Discours prononcé par M. Henri Monod à l'inauguration de l'asile de Reignier (Haute-Savoie), le 9 octobre 1892.

ANNEXE

Rapport présenté par M. Milliès-Lacroix au nom de la commission sénatoriale des finances (*Extraits*.)

....Dans une nouvelle note qui a été remise à votre commission des finances, à la date du 5 décembre dernier, M. le président du conseil a serré de plus près l'estimation de ces dépenses et la répartition des charges. Rappelant les conditions de sincérité dans lesquelles a été effectuée l'enquête demandée par la commission spéciale, il a tout d'abord écarté, en ce qui concerne le nombre des bénéficiaires, les évaluations de la direction du travail, comme étant tirées de statistiques non applicables et de données hypothétiques; il n'a pas davantage admis le chiffre de 190 000, auquel s'était arrêtée la commission spéciale et au sujet duquel il avait déjà fait des réserves; enfin, il a maintenu comme bons les chiffres résultant de l'enquête. Après rectification d'une erreur matérielle de transcription qui s'était glissée dans la première note communiquée à la commission spéciale, M. le président du conseil a fixé le nombre des futurs bénéficiaires de la loi à 332 000, dont 219 500 vieillards et 112 500 incurables, ainsi répartis :

Assistés à domicile	201 500
Hospitalisés.	130 500
Total.	332 000

Le taux moyen de la pension à domicile est maintenu à 120 fr. Quant au coût de l'hospitalisation, de 550 fr., il avait été établi en prenant le taux moyen de journée d'hôpital. Or le prix de journée d'hospice est très inférieur. D'une enquête récente faite dans les départements, il ressort que le prix moyen de journée d'hospice pour les vieillards et les incurables est de 1 fr. 14, soit 416 fr. 10 par an.

M. le président du conseil a établi le devis de la dépense devant résulter du fonctionnement du service d'après ces nouvelles données, et il a dégagé les charges nouvelles qui en résulteraient pour les communes, les départements et l'État.

La dépense totale d'assistance proprement dite s'élève à.	78 511 050 fr.
Les frais d'administration	274 000
Total	78 785 050 fr.

C'est là une dépense brute de laquelle M. le président du conseil déduit, pour apprécier les sacrifices à demander aux contribuables, les ressources des établissements de bienfaisance qui pourraient être affectées au futur service. Le montant en est d'ensemble 25 864 000 fr. (suivant les notes qui forment l'annexe I du rapport de M. Bienvenu-Martin à la Chambre des députés, et l'annexe III du rapport de M. Strauss au Sénat). Il n'y aurait ainsi, d'après le gouvernement, à demander à l'impôt que 52 921 050 fr., soit 53 millions en chiffres ronds.

Sur cette somme, 100 000 fr. (frais généraux d'administration) seraient à la charge exclusive de l'État, qui supporterait, en outre, 50 °/₀ environ des frais départementaux d'administration, soit 87 000. Donc, du chef des frais d'administration, l'État aurait à payer 187 000 fr. et les départements 87 000 fr.

Restent environ 52 725 000 fr. à répartir entre l'État, les départements et les communes. La répartition aurait lieu : 1° d'après les barèmes A et B de la loi du 15 juillet 1893 ; 2° d'après un nouveau barème C impliquant subvention directe de l'État aux communes. Le tableau suivant résume l'application combinée de ces trois barèmes, d'après M. le président du conseil.

DÉSIGNATION des collectivités	BARÈMES A ET B de la loi de 1893		BARÈME C		ENSEMBLE
	Taux	Sommes	Taux	Sommes	
Communes.	57,1 °/₀	30 105 975	— 5 °/₀	2 650 000	27 455 975
Départements	26,3 °/₀	13 866 675	»	»	13 866 675
État	16,6 °/₀	8 752 350	+ 5 °/₀	2 650 000	11 402 350
Totaux	100	52 725 000	»	»	52 725 000

Mais, dès à présent, les communes, les départements et l'État contribuent avec des fonds provenant de l'impôt aux dépenses du service d'assistance facultative aux vieillards, aux infirmes et aux incurables. La dépense totale est de 2 421 234 fr. dont 1 537 762 fr. payés par les communes, 566 123 fr. par les départements et 317 349 fr. par l'État. C'est autant de moins à imposer comme charges nouvelles aux contribuables.

En résumé, M. le président du conseil admet les supputations suivantes pour la répartition des dépenses nouvelles couvertes par l'impôt.

Communes : 27 455 975 — 1 537 762 . . . . 25 918 213 fr.
Départements : 13 866 675 + 87 000 — 566 123 . . . . 13 387 552
État : 11 402 350 + 187 000 — 317 349 . . . . 11 272 001

Total net des charges nouvelles à couvrir par l'impôt. . 50 577 766 fr.

De son côté, M. le ministre des finances a également étudié les conséquences financières de la proposition de loi. Le résultat de son étude est consigné dans deux notes qu'il nous a communiquées, le 18 octobre et le 13 décembre dernier.

Dans sa première note, M. le ministre des finances manifeste la crainte que le chiffre de 332 000 bénéficiaires accusé par l'enquête ne soit inférieur à la réalité et il estime que celui de 456 000 donné par la direction du travail doit être admis comme minimum.

Il évalue la dépense totale à . . . . 114 731 400 fr.

d'où il ne déduit, pour la part contributive des établissements hospitaliers et de bienfaisance, que 17 000 000

ce qui donne pour la dépense nette à couvrir par l'impôt. 97 731 400 fr.

dont 25 943 891 fr. seraient supportés par l'État.

Dans sa deuxième note, M. le ministre des finances rectifie les opérations ci-dessus.

Il maintient tout d'abord, le chiffre de 456 000 bénéficiaires donnés par la direction du travail ; toutefois, ses calculs seront basés sur celui de 332 000 procuré par l'enquête du ministère de l'intérieur.

Il élève à 150 fr. le taux moyen de la pension annuelle aux assistés à domicile et il admet le coût moyen annuel de l'hospitalisation à 410 fr. 10.

La dépense de l'assistance proprement dite ressort ainsi à 84 717 400 fr.
à laquelle il y a lieu d'ajouter :

Pour les frais d'administration. . . . . . 274 000 fr. {
Pour les constructions nouvelles à élever . 6 000 000 } 6 274 000

Soit pour le total des dépenses . . . . 90 991 400 fr.

Mais M. le ministre des finances déduit de ce total :

1° La part contributive des établissements hospitaliers et de bienfaisance . . . . 17 000 000 fr.)

2° La dépense actuelle du service facultatif de l'assistance organisé par les lois de finances de 1897 et 1902 *qui se confondra* avec le nouveau service. 2 421 234) 19 421 234

Ce qui laisse comme charge nouvelle à couvrir par l'impôt. 71 570 166 fr.

Cette charge serait ainsi répartie :

DÉSIGNATION	BARÈMES A ET B de la loi de 1893		BARÈME C		FRAIS d'administration	CHARGES de constructions		A DÉDUIRE	
	Taux	Sommes	Taux	Sommes		Taux	Sommes	Charges actuelles	Charges nettes
Communes . .	45,6	30 879 135	— 8,3 %	— 5 620 544	»	1/3	2 000 000	1 537 762	25 720 870
Départements .	34,8	23 565 655	»	»	174 000	»	»	566 123	23 173 531
État.	19,6	13 272 610	+ 8,3 %	+ 5 620 544	100 000	2/3	4 000 000	317 349	22 675 805
Totaux	100	67 717 400	»	»	274 000	»	6 000 000 (¹)	2 421 234	71 570 166

1. La somme de 6 millions représente l'annuité comprenant l'intérêt et l'amortissement en trente ou quarante ans d'un capital de 125 millions jugé nécessaire pour construire les hospices nouveaux que réclame le fonctionnement du nouveau service.

Après avoir donné les évaluations ci-dessus, M. le ministre des finances a ajouté qu'elles constituaient un minimum qui serait assurément dépassé, en raison du nombre des bénéficiaires que M. le ministre ne croit pas devoir être inférieur à 456 000, conformément aux renseignements donnés par la direction du travail.

II

Nombre des assistés

L'enquête[1] a eu lieu et, dès le 11 janvier 1904, M. le président du conseil en faisait tenir le résultat à la commission spéciale du Sénat dans une note qui est annexée au rapport de l'honorable M. Strauss.

Il résulte de l'enquête que le nombre des vieillards privés de ressources ayant au moins soixante-dix ans s'élève en ce moment pour toute la France à 219 448

Que le nombre des infirmes et des incurables, âgés de moins de soixante-dix ans, dénués de ressources, est de 112 593

Ce qui donne, pour l'ensemble des bénéficiaires de la loi, un total de . . . . 332 041 [2]

L'honorable rapporteur de la commission spéciale n'a pas cru devoir accepter ces chiffres. Selon lui, les enquêtes donnent lieu à des évaluations contradictoires, résultant de la divergence des appréciations locales.

Se référant à l'application de la loi sur l'assistance médicale gratuite, il a relevé dans les comptes rendus du conseil supérieur que, — alors que la proportion des individus secourus à la population des communes ayant un bureau de bienfaisance avait été, en moyenne, de 6,3 % pendant les cinq années qui ont précédé la loi de 1893, — la proportion des inscrits sur les listes de l'assistance médicale se serait sensiblement abaissée pendant les années qui ont suivi l'application de la loi de 1893. De 6,3 % en 1895, cette proportion aurait successivement fléchi à 5,6 % en 1896, à 5,4 % en 1897, à 5,1 % en 1898 et en 1899.

De cette constatation, l'honorable rapporteur a conclu que l'on pouvait, sans crainte d'erreur, fixer à 6 % la proportion des vieillards indigents au regard de l'ensemble de la population des vieillards âgés de plus de soixante-dix ans. Cette population étant de 1 900 000 au dernier recensement, le chiffre des vieillards à assister serait donc de 114 000.

Quant aux incurables, l'honorable rapporteur déclare qu'il aurait pu faire

---

1. Enquête prescrite par la circulaire du ministre de l'intérieur du 15 juillet 1903.

2. La note remise à la commission spéciale porte les chiffres ci-après :

Vieillards 208 700
Infirmes et incurables. 112 000

Total. 320 700

Mais nous avons dû rectifier plusieurs erreurs qui se sont glissées dans la transcription des états de divers départements.

subir au chiffre résultant de l'enquête une réduction semblable à celle qu'il a opérée au sujet des vieillards; mais il reconnaît que les résultats de l'enquête ne sont pas aussi exagérés en ce qui concerne les incurables qu'en ce qui touche les vieillards. Aussi a-t-il consenti à en porter le nombre à 76 000, ce qui donne un total de 190 000 bénéficiaires de la proposition de loi.

La commission spéciale pense d'ailleurs qu'il dépendra du gouvernement que ce chiffre ne soit pas dépassé. A l'appui de cette opinion, elle cite l'exemple de la loi sur l'assistance médicale gratuite qui montrerait « que le gouvernement, qui veut contenir l'exécution d'une loi dans les limites d'un crédit sagement mesuré d'avance, peut y arriver par des moyens administratifs appropriés, à condition que le texte de la loi n'entraîne pas à dépasser le but ».

Les déductions que l'honorable M. Strauss a cru devoir tirer de l'application de la loi sur l'assistance médicale gratuite nous paraissent hasardées.

En premier lieu, nous ne saurions admettre que le gouvernement puisse contenir par des moyens administratifs l'exécution d'une loi qui a un caractère obligatoire au regard des communes, des départements et de l'État et qui constitue un droit au profit des citoyens. Si le gouvernement s'arrogeait un pareil pouvoir, il changerait arbitrairement le caractère et la philosophie de la loi.

Au surplus, l'exemple est mal choisi. Loin de contenir l'exécution de la loi dans une limite quelconque, le gouvernement et les Chambres en favorisent au contraire le développement. Nous en avons pour preuve les courbes ascendantes des dépenses depuis sa première application.

En voici le tableau :

ANNÉES	COMMUNES	DÉPARTEMENTS	ÉTAT	TOTAL	OBSERVATIONS
1895. .	1 240 935 22	622 540 54	311 824 32	2 175 300 08	Fascicule 55 des Actes du conseil supérieur de l'assistance publique, p. 160.
1896. .	2 816 718 76	1 261 133 91	712 652 14	4 790 504 81	Fascicule 61 des Actes du conseil supérieur de l'assistance publique, p. 163.
1897. .	3 294 836 76	1 411 888 80	944 875 27	5 651 600 83	Fascicule 92 des Actes du conseil supérieur de l'assistance publique, p. 157.
1898. .	3 898 638 79	1 833 887 99	1 145 262 66	6 877 789 44	Fascicule 92 des Actes du conseil supérieur de l'assistance publique, p. 161.
1899. .	4 151 526 60	2 018 756 67	1 228 078 30	7 398 361 57	Fascicule 92 des Actes du conseil supérieur de l'assistance publique, p. 165.
1900. .	4 587 277 52	2 288 219 37	1 384 389 53	8 259 886 42	Chiffres donnés par la direction de l'assistance et de l'hygiène publiques.
1901. .	4 741 678 05	2 456 610 28	1 468 696 83	8 696 985 16	Chiffres donnés par la direction de l'assistance et de l'hygiène publiques.
1902. .	5 051 319 65	2 665 257 74	1 608 800 81	9 325 378 20	Chiffres donnés par la direction de l'assistance et de l'hygiène publiques.
1903. .	»	»	»	»	La dépense ne peut encore être indiquée exactement.

Si l'on veut bien se souvenir qu'au cours de la discussion de la loi du 15 juillet 1893, la dépense totale avait été évaluée à 8 millions, l'on voit, par le tableau qui précède, que déjà, en 1902, cette évaluation était dépassée de 1 300 000 fr.

D'autre part, la proportion existant entre le nombre des inscrits sur les listes de l'assistance médicale et la population des communes ne saurait servir de terme au rapport des vieillards assistés avec l'ensemble de la population des vieillards, par cette raison que c'est surtout parmi les vieillards que se recrute le plus grand nombre d'indigents. Le chiffre de 114 000 vieillards est donc arbitrairement déduit.

Quant aux infirmes et incurables, le nombre de 76 000 ne repose sur aucune constatation de fait, pas même sur un calcul de probabilités : il est le produit d'une appréciation *a priori*.

En résumé, nous estimons que l'on ne peut retenir le chiffre de 190 000 bénéficiaires, qui a servi de base à la commission spéciale du Sénat pour l'évaluation de la dépense.

Nous avons vu plus haut que M. le ministre des finances, loin de trouver excessif le nombre de bénéficiaires révélé par l'enquête, le croit inférieur à la réalité. Il a adopté, en effet, le chiffre de 450 000, qui est donné par la note émanant de la direction du travail au ministère du commerce, note annexée au rapport de l'honorable M. Strauss.

Or, par une lettre en date du 7 décembre dernier, M. le ministre du commerce n'a pas caché à la commission des finances que les indications tirées par ses services de statistique de l'assistance médicale gratuite et des bureaux de bienfaisance ne constituaient, en ce qui concerne l'application de la loi en discussion, que des hypothèses discutables. Il lui est apparu que, en raison des répercussions financières du projet en discussion, les communes entendraient d'une manière plus étroite, plus stricte, les notions relatives d'indigence, d'infirmité et d'incurabilité. C'est pourquoi M. le ministre du commerce croit, en dernière analyse, que les indications tirées de la statistique générale ne peuvent servir que d'évaluations larges ; et, serrant la question de près, il estime qu'il y a lieu de prendre pour base l'enquête directe à laquelle a procédé le ministère de l'intérieur.

On voit à quels résultats dissemblables ont abouti des calculs dont les éléments ont été cependant puisés à une même source.

Ces dissemblances tiennent à ce que les listes de l'assistance médicale gratuite, qui ont servi de base à toutes les évaluations, ne constituent point le recensement de la population indigente de France. Elles comprennent, en effet, en outre des indigents, un nombre important de personnes que l'état de maladie seul privera de ressources, mais qui n'en sont point actuellement dénuées. Tous les âges y sont indistinctement confondus. En sorte que, pour dégager le nombre des vieillards, des infirmes et des incurables dénués de ressources, l'on est obligé de recourir à l'hypothèse, c'est-à-dire à l'arbitraire. Comme, d'autre part, les procédés employés par les calculateurs sont divergents, il n'y a rien d'étonnant à ce que les résultats soient différents.

Seule, une enquête sérieuse peut procurer des données exactes, à la condition, toutefois, d'être consciencieusement et intelligemment faite.

Nous croyons, quant à nous, que celle à laquelle ont procédé les préfets, sur les ordres du gouvernement, a été soigneusement faite.

Les préfets se sont renseignés auprès des municipalités, qui, seules, sont bien placées pour connaître la population indigente des communes. Les maires ont indiqué, dans des tableaux uniformes dont le modèle a été dressé par la direction de l'assistance publique :

1° Le nombre des vieillards âgés de soixante-dix ans au moins et le nombre des infirmes et incurables, âgés de moins de soixante-dix ans, dénués de ressources ;

2° Le nombre de ceux qui sont actuellement secourus à domicile ou hospitalisés ;

3° Le nombre de ceux dont l'état réclamerait l'hospitalisation et qui ne sont pas hospitalisés.

Nous venons de voir que l'enquête a procuré les chiffres ci-après :

Vieillards	219 448
Infirmes et incurables	112 593
Soit, pour l'ensemble des bénéficiaires de la loi, un total de.	332 041

Nous avons compulsé les documents de l'enquête ; et nous devons déclarer que rien n'indique que l'on ne doive point ajouter foi aux renseignements fournis par les municipalités aux préfets.

Nous avons rapproché les dossiers de divers départements et nous avons constaté que, d'une manière générale, la proportion des vieillards, infirmes et incurables dénués de ressources était sensiblement la même dans les villes d'égale population.

En résumé, l'enquête, envisagée dans son ensemble, nous a paru faite avec soin et ses résultats, basés sur des faits réels, nous inspirent une confiance que ne sauraient nous donner les évaluations arbitraires que nous avons successivement passées en revue.

Toutefois, nous avons relevé certaines lacunes dans les résultats transmis par les préfets. Malgré de nombreux rappels, quelques villes ont omis de répondre au questionnaire qui leur avait été adressé. Dans d'autres, les municipalités n'ont pas suffisamment compris les questions qui leur étaient posées ; car elles ont donné un nombre de vieillards et d'infirmes qui, de toute évidence, ne saurait correspondre au dénombrement de la population. Aussi pensons-nous que, pour ne pas s'exposer à une évaluation qui serait inférieure à la réalité, il est nécessaire de majorer légèrement le chiffre accusé par l'enquête.

Nous ne croyons pas dépasser la mesure en portant à 350 000 le nombre des futurs bénéficiaires de la loi.

III

Nombre des assistés à domicile. — Nombre des hospitalisés.

Nous avons dit plus haut que le ministère de l'intérieur avait recommandé à ses préfets de faire porter l'enquête non pas seulement sur le nombre des bénéficiaires de la loi, mais encore sur le nombre de ceux qui sont actuellement secourus, assistés à domicile ou hospitalisés, sur le nombre de ceux dont l'état réclame l'hospitalisation et qui ne sont point hospitalisés.

Le dépouillement de l'enquête a procuré les résultats ci-après :

Sont actuellement assistés à domicile :

Vieillards.	121 380
Infirmes et incurables	65 958
	187 338

Sont actuellement hospitalisés :

Vieillards.	34 696
Infirmes et incurables.	20 755
	55 451

Devraient être assistés à domicile :

Vieillards.	13 339
Infirmes et incurables	700
	14 039

Devraient être hospitalisés :

Vieillards.	50 033
Infirmes et incurables	25 180
	75 213

En résumé, d'après l'enquête, le nombre de vieillards, d'infirmes et d'incurables actuellement secourus serait de 242 789
et le nombre de ceux qui devraient être assistés de 89 252

332 041

Le nombre des assistés à domicile serait de. 187 338
et le nombre de ceux qui devraient l'être de. 14 039

ce qui donnerait pour l'assistance à domicile un chiffre de bénéficiaires de. 201 377

Le nombre des hospitalisés serait de 55 451
et le nombre de ceux qui devraient l'être de. 75 213

ce qui donnerait pour l'hospitalisation un nombre de bénéficiaires de 130 664

Mais, si l'on tient compte de la majoration que nous avons fait subir aux résultats de l'enquête et si l'on applique cette majoration à la répartition des bénéficiaires de la loi dans les deux catégories d'assistés, on se trouve en présence des nombres suivants :

Assistés à domicile.	210 000
Hospitalisés.	140 000
Total.	350 000

IV

Dépense

....Au taux moyen de 150 fr., la dépense annuelle de 210 000 assistés ressort à 31 500 000 fr.

Le prix de journée moyen ressort dans l'ensemble à 1 fr. 14, soit 416 fr. 10 par an, soit, pour 140 000 hospitalisés, une dépense totale de 58 254 000 fr.

En résumé, les dépenses annuelles s'élèveront pour les assistés à domicile à . . . . 31 500 000 fr.
Pour les hospitalisés à 58 254 000
Total . . . . 89 754 000 fr.

Ce chiffre s'applique à l'ensemble des assistés, aussi bien à ceux qui ont le domicile de secours communal qu'à ceux qui ont le domicile de secours départemental et à ceux qui n'ont point de domicile de secours. Les renseignements fournis par les municipalités, s'appliquant aux assistés sans distinction de domicile de secours, la ventilation est impossible à faire ; elle est d'ailleurs sans grande importance.

Nous avons vu plus haut que la dépense totale du service de l'assistance obligatoire serait de . . . . 89 754 000 fr.

Si nous en déduisons les dépenses actuelles de l'assistance s'élevant à . . . . 34 313 441 fr.
et celles du service actuel des pensions facultatives, par application des lois de finances de 1897 et de 1902, lesquelles, pour 1903, se sont élevées à . . . . 2 421 234 } 36 734 675

nous constatons tout d'abord que le nouveau service exigera une dépense nouvelle de . . . . 53 019 325 fr.

Il y aura lieu d'ajouter à cette somme les dépenses de constructions destinées à abriter les nouveaux hospitalisés, les frais d'administration au compte du département et ceux à la charge de l'État.

Ces dépenses peuvent être évaluées comme suit :

Constructions. — Nous avons vu que le nombre de bénéficiaires de la proposition de la loi devant être hospitalisés était de 140 000.

Or, le nombre de lits pouvant être actuellement affectés au service des vieillards, des incurables et infirmes dans les établissements hospitaliers publics de France, d'après la statistique annuelle du ministère du commerce (annnée 1902), est de 68 072.

Il reste donc à pourvoir à 71 928 lits.

L'administration estime le coût moyen d'un lit à 3 750 fr. (construction et matériel). Ce prix nous paraît trop élevé. Un certain nombre d'hospices seront construits économiquement en province, hors des villes. On peut donc abaisser le coût moyen à 2 500 fr. On aura ainsi une dépense totale de 180 millions de francs, en chiffre rond.

Aux termes de l'article 32 de la proposition de loi, l'État contribue par des subventions aux dépenses de construction ou d'appropriation d'hospices.

La loi ne fixe pas le taux des subventions ; elle se borne à dire que la contribution de l'État sera déterminée en raison inverse de la valeur du centime, en raison directe des charges extraordinaires des communes et encore en raison de l'importance des travaux à exécuter, d'après des voies qui seront établies par un règlement d'administration publique.

Nous estimons que la contribution moyenne de l'État pourra s'élever dans l'ensemble aux deux tiers de la dépense, ce qui constituera pour l'État une charge de capital de 120 millions.

L'article 32 de la proposition de loi dispose, dans son dernier alinéa, que la loi de finances de chaque exercice déterminera le chiffre maximum des subventions à accorder pendant l'année et qu'un tiers des fonds du pari mutuel consacrés aux œuvres d'assistance sera affecté à ces subventions.

Les fonds du pari mutuel destinés aux œuvres locales d'assistance et de bienfaisance procurent chaque année une ressource d'environ 4 500 000 fr.

Sur ce fonds, un tiers, soit 1 500 000 fr. a déjà été réservé par la loi de finances du 13 avril 1895 à l'agrandissement et à la construction des hôpitaux nécessités par l'application de la loi du 15 juillet 1893 sur l'assistance médicale gratuite.

Si l'on prélève un deuxième tiers au profit des constructions et appropriations d'hospices nécessitées par le fonctionnement du nouveau service, il ne restera plus que 1 500 000 fr. à affecter à toutes les autres œuvres.

Or, déjà les ressources ne suffisent pas à satisfaire à tous les besoins qui se manifestent de toutes parts, pour la création de crèches, de dispensaires, de sanatoriums, orphelinats laïques, etc., etc.

Quoi qu'il en soit, en admettant l'hypothèse que les Chambres autorisent ce deuxième prélèvement sur les fonds du pari mutuel, la subvention de l'État à appliquer, chaque année, aux constructions et aux appropriations d'hospices ne dépassant pas 1 500 000 fr., il faudrait quatre-vingts ans pour arriver à l'achèvement complet des travaux, c'est-à-dire au fonctionnement du service dans son plein. Telle n'est point, sans aucun doute, l'intention des auteurs de la proposition de loi.

En tout état de cause, les communes devront faire face aux dépenses leur incombant de ce chef. Celles-ci, étant évaluées à 60 millions, seront couvertes par des emprunts remboursables par annuités.

Le taux moyen d'intérêt des emprunts communaux est actuellement de 3,75 %. A ce taux, un emprunt de 60 millions amortissables en trente-cinq ans, délai usuel, nécessiterait une annuité d'environ 3 100 000 fr.

Donc, même en négligeant la contribution de l'État, ce qui ne nous paraît pas admissible, les communes auront à supporter, du fait des constructions, une charge de 3 100 000 fr.

Frais d'administration. — Nous estimons à 2 000 fr. les dépenses annuelles que nécessiterait l'application de la loi dans chaque département, soit, pour 87 départements. 174 000 fr.

Quant aux dépenses de l'administration centrale, nous les évaluons à . . . . 100 000 (¹)

Ensemble. . . . . 274 000 fr.

Récapitulation :

Dépenses nouvelles de l'assistance proprement dite. . . 53 019 325 fr.
Charge annuelle des communes pour les constructions. 3 100 000
Frais d'administration 274 000

Total des dépenses nouvelles que nécessitera annuellement le service. . . . . 56 393 325 fr.

La somme ci-dessus ne représente pas la charge qui sera demandée à l'impôt.

En effet, par suite de l'organisation du nouveau service, une partie de la dépense actuelle d'assistance, que nous avons évaluée à 10 millions, sera confondue dans les dépenses communales, lesquelles participeront aux subventions des départements et de l'État. Pour calculer la charge qui sera demandée à l'impôt, nous devons tout d'abord déduire de la dépense totale d'assistance proprement dite . . . . 89 754 000 fr. la part contributive des établissements hospitaliers et de bienfaisance que nous avons évaluée à 24 000 000

Reste . . . . 65 754 000 fr.

Cette somme doit être répartie entre les communes, les départements et l'État.

L'article 2 de la proposition de loi dispose que l'assistance est donnée par les communes.

Aux termes de l'article 27, les communes doivent pourvoir à ces dépenses au moyen :

1º Des ressources spéciales provenant de fondations ou de libéralités;

---

1. 1º Un bureau comprenant :

1 chef de bureau	8 500 fr.	
1 sous-chef.	5 500	
4 rédacteurs	12 800	37 300 fr.
3 expéditionnaires.	9 000	
1 gardien de bureau.	1 500	

2º 4 agents de contrôle, inspecteurs ou contrôleurs au traitement de 5 500 fr. et recevant 3 000 fr. de frais de tournée. 34 000

Impressions.	25 000 fr.	
Matériel	3 700	28 700

100 000 fr.

2° De la participation éventuelle du bureau de bienfaisance et de l'hospice;

3° Des recettes ordinaires ;

4° En cas d'insuffisance, d'une subvention du département et d'une subvention directe et complémentaire de l'État, calculée, d'après les barèmes annexés à la loi, en ne tenant compte que de la portion de dépense couverte au moyen de ressources provenant de l'impôt.

La commission spéciale s'accorde avec la direction de l'assistance et de l'hygiène publiques et aussi avec le ministère des finances pour admettre qu'il n'y a pas lieu de faire fond sur les libéralités qui pourront être faites aux communes, non plus que sur la contribution éventuelle des bureaux de bienfaisance. Les libéralités ont un caractère trop aléatoire pour qu'on puisse les faire entrer en compte. Quant aux bureaux de bienfaisance, il est plutôt à craindre, comme nous l'avons déjà dit, que la loi nouvelle ne motive le retrait des subventions qu'ils reçoivent des communes. D'autre part, bien rares sont les communes dont les recettes ordinaires laissent des disponibilités permettant de couvrir les charges à résulter de la nouvelle loi.

Donc c'est sur l'ensemble des dépenses à leur charge que les communes auront droit à la subvention des départements et de l'État. De leur côté, les départements auront recours à la subvention de l'État pour la totalité de leurs charges propres.

Ces subventions sont calculées, en ce qui touche les communes et les départements, d'après les barèmes A et B annexés à la loi du 15 juillet 1893 sur l'assistance médicale gratuite.

Les départements subventionnent les communes conformément au barème A, auquel a été ajouté un échelon supplémentaire pour les communes dont la valeur du centime est inférieur à 12 fr. Les subventions qui sont calculées en raison inverse de la valeur du centime vont de 10 % à 90 %. Les départements reçoivent à leur tour de l'État, sur le montant des subventions qu'ils auront allouées aux communes et sur leurs frais d'administration, des subventions calculées, d'après le barème B, en raison inverse de la valeur du centime par kilomètre carré et variant entre 70 % et 10 %.

La Chambre des députés et la commission spéciale du Sénat ont mis en outre à la charge de l'État une subvention complémentaire au profit des communes, calculée d'après un nouveau barème C, en raison du rapport du nombre des assistés à la population totale de la commune. Cette subvention s'ajoute à celle que la commune reçoit du département, sans qu'elle puisse dépasser 20 % et sans que la part de la commune puisse descendre au-dessous de 5 %.

Cette subvention complémentaire allégera les charges des communes d'une somme équivalant à 9 % de l'ensemble de la dépense (¹).

Les dépenses de l'assistance médicale gratuite pour l'exercice 1902 ont

---

1. D'après le barème C, la subvention directe de l'État aux communes se calcule à raison de 1 % de la dépense communale par 1 assisté sur 1000 habitants. 350000 assistés correspondant à 9 % de la population entière de la France, l'ensemble des subventions aux communes, par application du barème C, serait de 9 % de la dépense totale.

été réparties entre les communes, les départements et l'État dans les proportions ci-après :

Communes . . . . 54,2 %
Départements . . . . 28,6 %
État . . . . 17,2 %

Quant au résultat de l'échelon complémentaire du barème A, il ne semble pas possible de l'évaluer numériquement.

Les barèmes A, B et C ci-dessus s'appliquent à la répartition de la somme de 65 754 000 fr. montant de la dépense d'assistance proprement dite à couvrir par l'impôt.

Dans le tableau qui va suivre, nous avons ajouté, en outre, les charges spéciales à chacune des collectivités. Nous avons enfin déduit les dépenses qui résultent actuellement du fonctionnement du service des pensions facultatives, par application des lois de finances de 1897 et 1902, lesquelles se confondront dans le nouveau service.

Tableau de répartition

DÉSIGNATION	BARÈMES A ET B de la loi de 1893		BARÈME C		FRAIS d'administration	CHARGES des constructions	A DÉDUIRE les charges des lois de finances de 1893 et de 1902	CHARGES nettes
	Taux	Sommes	Taux	Sommes				
Communes . .	54,2 %	35 638 668	— 9 %	— 5 917 860	»	3 100 000	— 1 537 762	31 283 046
Départements .	28,6 %	18 805 644	»	»	174 000	»	— 566 123	18 413 521
État	17,2 %	11 309 688	+ 9 %	+ 5 917 860	100 000	»	— 317 349	17 010 100
Totaux . .	100	65 754 000	»	»	274 000	3 100 000	— 2 421 234	66 706 766

En résumé, votre commission évalue les conséquences financières de la proposition de loi sur l'assistance obligatoire aux vieillards, aux infirmes et aux incurables à une dépense annuelle de 66 700 000 fr. à couvrir par l'impôt, répartie comme suit :

Communes. . . . . 31 300 000 fr.
Départements 18 400 000
État 17 000 000

AVIS DE LA COMMISSION DES FINANCES

Dans l'état de nos finances, en présence de l'extension constante des divers services, civils, militaires, maritimes et coloniaux ; en présence de l'accroissement automatique des dépenses occasionnées par les lois qui ne sont pas encore parvenues à la période de leur pleine application ; en présence des augmentations nouvelles que produiront, à bref délai, les lois en préparation, telles, notamment, que la loi de recrutement, votre commission des finances, sans méconnaître l'intérêt qui s'attache à l'institution du service de l'assistance obligatoire aux vieillards, aux infirmes et aux incurables, est d'avis que la charge annuelle de 17 millions qui en résulterait pour l'État, — sans préjudice des charges considérables qui incomberaient aux communes et aux départements, — ne saurait trouver place dans le budget que si elle était compensée par des ressources correspondantes.

NANCY, IMPRIMERIE BERGER-LEVRAULT ET Cⁱⁿ

www.ingramcontent.com/pod-product-compliance
Ingram Content Group UK Ltd.
Pitfield, Milton Keynes, MK11 3LW, UK
UKHW010914160726
13695UKWH00007B/1175